한 그릇 사명

한 그릇 사명

지은이 | 최복이
초판 발행 | 2019. 1. 23

등록번호 | 제1988-000080호
등록된 곳 | 서울특별시 용산구 서빙고로 65길 38
발행처 | 사단법인 두란노서원
영업부 | 2078-3352   FAX | 080-749-3705
출판부 | 2078-3331

책값은 뒤표지에 있습니다.
ISBN 978-89-531-3385-3 03230

독자의 의견을 기다립니다.
tpress@duranno.com www.duranno.com

생명을 살리고
하나님 나라를 확장하는

한 그릇
사명

최복이

지음

두란노

죽도록 온 존재로 사랑하라 하네
우리가 세상에 온 이유는 사랑하기 위함이므로
-

"삶이 나에게" 중에서

목차

프롤로그 10

🥣

한 그릇 꿈, 하늘에서 오다

꿈을 주시는 분 19

🥣

한 그릇 사랑, 꿈이 사명이 되기까지

마음속 희미한 꿈 하나 31

돈보다 값진 유산 34

너, 밀알이 되어라 40

그분의 손길 한 번이면 46

내가 네 안에 52

한 그릇 고난, 인내로 맺힌 본죽

절망스러운 밤 63

지극히 작은 것이라도 69

열매를 얻기 위한 훈련장 73

고난 없이 맺히는 열매는 없으니 80

그릇 크기대로 87

저 높은 산, 한식 세계화 94

성공보다 사명 98

청지기 레시피 105

한 그릇 섬김, 사랑을 흘려보내는 본사랑

고단한 이웃 곁으로 117

상대의 필요를 채우는 일 120

함께 꿈꾸는 내일 125

행복을 돕는 사람 130

할 수 있는 일부터 천천히 135

한 그릇 충성, 복음을 확산하는 본월드미션

하나님의 꿈, 선교 145

선교의 또 다른 이름 150

언더우드를 보내신 것처럼 155

주님의 아이들 158

그들의 발을 씻어 주어라 161

본죽&오병이어 167

한 그릇 사명, 땅에서 이루다

오늘도 하나님 나라를 위해 177

에필로그 186

부록   종의 리더십 10계명 192

        본그룹 경영맵 193

        본월드의 사명과 비전 194

        본사랑의 사명과 비전 195

        본월드미션의 사명과 비전 196

        BM 매장 사명선언문 197

        BM 매장 운영지침 198

내 인생에서 가장 큰 전환점은 바로 예수님을 만난 사건이
다. 죄인에서 하나님의 자녀가 되는 신분 전환, 하나님의 사
람으로 선택되어 꿈을 이루는 사명 전환, 그리고 하나님의
이끄심을 따라 순종하고 충성하는 훈련을 받아 쓰임 받는
직분 전환의 축복을 누리고 있다.

　우리 주님이 하나님의 백성 한 명, 한 명을 얼마나 존귀하
게 여기시는지, 우리를 통해 아버지의 뜻을 이루기를 얼마
나 간절히 원하고 기대하시는지를 나의 지나온 생을 통해
서 엿볼 수 있다.

　이 책을 통해 내가 하나님께 택하심을 받고 그분의 응답

과 도우심으로 여기까지 올 수 있었던 모든 과정을 소상히 소개하겠다. 매 순간 성경에 기록된 약속의 말씀들이 성취되고, 그 진리가 이루어져 가는 신비를 목도해 왔다. 삶으로 체득된 주님의 손길과 이끄심은 정말 놀랍고 신기하기 짝이 없다.

물론 그것이 나만의 일은 아니라고 믿는다. 주님은 이 땅의 모든 인류, 하나님의 형상을 닮은 모든 존재를 한 명, 한 명 기억하고 사랑하신다. 우리가 하나님과 부모, 자식처럼 깊고 친밀한 교제를 나누며 그분의 사랑 가운데 잘 살기를 원하신다. 생사화복을 주관하시는 하나님의 주권이야말로 우리에게 축복이다. 주님은 우리가 그 축복을 인정하고 참된 평안과 기쁨을 누리기를, 서로 사랑하며 살기를 원하신다.

"하나님께 가까이함이 내게 복이라 내가 주 여호와를 나의 피난처로 삼아 주의 모든 행적을 전파하리이다"(시 73:28).

이 말씀은 내 인생을 관통하는 핵심 말씀이다. 하나님과 가까이 지내는 것이 내 인생에서 가장 중요하고, 기쁘고, 가치 있는 일이다. 영혼이 잘됨같이 범사에 잘되고 승리하는 비결이라고 확신한다.

하나님과 긴밀하게 나누는 교제와 친밀도, 그것만이 인생의 길이요, 답이다. 왜냐하면 우리는 연약해서 같은 실수를 반복하는 피조물이기 때문이다. 그런 우리를 아주 잘 아시는 창조주 하나님을 의지하고, 그분께 도우심을 구하며, 그분이 뜻하고 계획하신 길을 따라갈 때 우리의 인생이 더욱 값지고 소중한 삶이 된다고 믿는다.

주님께 집중하고 성령 충만한 영적 교제를 나누는 매일이 되기를 소망한다. 복음의 능력과 복음의 축복을 누리며 예수 그리스도가 우리의 목표와 푯대가 되시기를 희망한다. 그럴 때 우리는 조금씩 예수님을 닮아 가고, 예수님의 능력을 입게 되며, 그 능력으로 이 세상을 더 선하고 복되게 변화시키는 사람이 될 수 있다.

주님으로부터 오는 꿈을 알고, 축복도 받으며, 그 축복을 통해 '하나님 사랑과 이웃 사랑'의 사명을 이루어 가는 제자의 삶, 그분의 역사를 전하는 증인의 삶으로 우리의 인생이 사용되었으면 좋겠다.

자주 넘어지고 잊어버리는 나에게 이런 은혜를 베풀어 주신 하나님 아버지께 감사드린다. 하나님이 내게 주신 은혜가 이 책과 함께하는 모든 분에게도 동일하게 임하고 더

놀랍게 역사하기를 바란다. 여기까지 이끌어 주신 하나님께
모든 영광을 올려 드린다. 샬롬!

2019년 1월

섬김이 최복이

한 그릇 꿈,

하늘에서 오다

감사하다

세상에서 가장 부자로 살 수 있는 방법,
세상에서 가장 맛있는 음식을 먹을 수 있는 방법,
세상에서 가장 좋은 집에서 살 수 있는 방법.
그것은 바로 지금의 것에
감사하는 것입니다.

우리는 여러분이 계셔서
세상에서 가장 행복합니다.
그래서 감사함을 갚기 위해
오늘도 한 그릇, 한 그릇에 마음을 담습니다.

'감사하며 살게 해 달라고 기도하는 것'
이것이 하나님이 주신 우리의 영업 비밀입니다.

꿈을 주시는 분

꿈은 하늘로부터 온다. 빌립보서를 읽다가 뒤늦게 깨달은 사실이다.

"너희 안에서 행하시는 이는 하나님이시니 자기의 기쁘신 뜻을 위하여 너희에게 소원을 두고 행하게 하시나니 모든 일을 원망과 시비가 없이 하라"(빌 2:13-14).

살다가 팍팍해서 생기는 바람이나 내 속에서 일어나는 간절함이 우연히 나온 것이 아니라 주님이 주시는 꿈이고 열망이었음을 나중에야 알게 되었다. 이렇게 하나님이 부어 주신 꿈들이 내 인생을 끌고 가는 힘이었다는 고백도 한참 후에야 했다.

하나님이 우리에게 꿈을 주시는 이유는 하나님의 뜻과 꿈을 우리가 이루게 하시려는 것이다. 하나님의 꿈과 우리의 꿈이 일치되면 주님이 친히 우리와 함께 그 뜻과 꿈을 이루어 가신다. 이처럼 신비하고 놀라운 과정을 경험할 수 있는 것이야말로 은혜다.

그리고 하나님이 주신 꿈은 차츰 커져서 사명이 된다. 사명은 하나님이 주신 명령이다. 그 명령은 하나님이 어느 날 갑자기 주실 수도 있다. 하지만 보통은 꿈을 주시고 오랫동안 품어서 하나씩 천천히 이루게 하신 후에 더 고차원적인 꿈인 사명으로 이끌어 주신다. 우리가 이 땅에 온 목적으로 하늘의 뜻을 이루시려는 것이다.

나와 우리 기업은 파란만장한 여정을 거쳐서 현재 3가지 사명을 이루고 있다.

첫째 사명은 기업 경영의 사명인데, 나는 주로 '성경적 가치 경영'이라고 표현한다. 세상에서는 수많은 기업이 이윤 추구를 제일의 목적으로 삼는다. 하지만 우리는 세상의 가치가 아니라 성경 말씀대로 '주께 하듯' 기업을 경영하고자 애쓰고 있다.

　참 어려운 일이고 자주 넘어지지만, 그래도 가야 할 길이다. 이 사명을 하나님이 친히 이루시리라 믿기 때문이다. 기업으로서 하나님을 더 많이 나타내고 그분의 사랑을 더 멀리 전파하는 일은 하나님 나라의 확장과 하나님의 영광을 위한 복된 사명이라고 믿고 정진하고 있다.

　지금은 좁은 길 같지만 하나님의 뜻대로, 하나님이 말씀하신 성경적 가치대로 기업을 경영하는 것은 반드시 승리하는 길이고, 진리의 길이니 그 결과 또한 하나님이 책임지시리라 믿는다. 때로 흔들려도 주님의 말씀을 붙잡고 말씀대로 성경적 가치 경영을 실천해 나가고 있는 중이다. 넘어지고 다시 일어나는 시행착오를 겪으며 가고 있지만, 주님이 붙잡아 주시기에 감사하다.

　우리 기업의 설립 이념은 "모든 것이 합력하여 선을 이루느니라"(롬 8:28)라는 말씀에 기초한다. 그리고 선을 이루기 위해 6대 핵심 가치를 기업에 적용한다. 6대 핵심 가치는 '경쟁'보다 '협력', '성공'보다 '사명', '개인'보다 '우리', '계약'보다 '약속', '이윤'보다 '가치', '빨리'보다 '멀리'이다. 이

한 그릇 꿈, 하늘에서 오다

러한 핵심 가치를 기준으로 삼고 모든 과업을 진행하는 것이 기업의 책무다. 나아가 다른 기업들에게 예수님의 가치와 새 길을 제시하는 롤모델이 되는 것이 우리 기업의 비전이자 사명이다.

둘째 사명은 본사랑재단이 추진하는 이웃 사랑의 사명이다. 기업은 수익이라는 열매를 많이 맺어 가난하고 소외된 이웃과 나누어야 한다. 하나님이 우리에게 축복을 주시는 이유는 나 혼자 잘 먹고 잘 살라는 것이 아니기 때문이다. 우리는 "너희가 먹을 것을 주라"(마 14:16)고 명령하신 주님의 말씀대로 배고픈 이웃들에게 하나님의 사랑을 나누어야 한다. 은혜에 빚진 자로서 마땅히 해야 할 분배의 의무를 졌기 때문이다.

하나님이 예수님의 피 값으로 우리를 구원하셨으니, 내가 받은 구원과 축복을 이웃에게 나누고 전하는 일이 하나님의 뜻이라고 생각한다. 주님이 은혜로 거저 주셨으니 나도 작은 자들과 나누는 통로(pipe)와 연결(toss) 역할을 잘 감당하고 싶다.

한 그릇 사명

본아이에프 수익의 10%를 필요한 이웃들에게 나누는 일을 본사랑재단의 사명으로 삼고 있다. 재단을 통해 국내의 이웃을 섬기는 일뿐만 아니라 세계 빈곤 지역의 아동들을 먹이고 결연해서 가르치는 지원 사업으로까지 확장하게 되었다. 세계 곳곳에서 아이들을 양육하고 가르치시는 선교사님들과 파트너십을 맺고 3,000명에 가까운 아이들을 돕고 있다. 앞으로도 더 많은 아이를 잘 키우고 싶어서 학교 설립과 의료 환경 개선 지원에 참여하고 있다.

"사람이 떡으로만 살 것이 아니요 하나님의 입으로부터 나오는 모든 말씀으로 살 것이라"(마 4:4)라는 말씀대로 한 손에는 떡을, 나머지 한 손에는 복음을 들고 가는 중이다. "교육은 희망을 전하는 열쇠"라는 말처럼, 우리 인생의 키맨(keyman)이신 예수님을 만나게 하는 일에도 힘쓰고 있다. 신구약성경의 인물들을 그림과 이야기로 소개하는《원더풀 스토리》(더드림주니어, 2016)라는 성경 동화를 번역해 아이들에게 영적 양식을 공급하고 있다.

셋째 사명은 복음의 통로, 하나님 사랑의 통로인 본월드미션이 추진하는 선교 사명이다. 본월드미션은 전 세계에서 활동하시는 2만 7,000여 명의 선교사님들 중에서 한국에 오면 머리 둘 곳도, 오갈 곳도 없는 분들이 많다는 사실을 알고는 그분들의 숙소로 게스트하우스를 내 드리면서 출발했다.

선교사님들의 현주소를 알게 된 후로는 선교사 자녀 학비 지원, '힐링동행캠프' 등 선교 사역에 도움이 될 만한 프로그램으로 섬기고 있다. 그리고 궁극적으로는 지속 가능한 선교를 목표로 선교사님들을 돌보고 지원하는 사업을 하고 있다.

우리가 가진 것으로 선교에 주력하고 있는 분야는 자비량, 즉 비즈니스 선교다. 우리의 브랜드, 시스템, 노하우, 물질, 인재를 동원해서 비즈니스 선교로 하나님의 나라를 확장할 수 있도록 선교사님들과 연계해 지원하고 있다.

기독교 기업 사명, 본사랑 사명, 본월드미션 사명이 지금 진행 중이고, 앞으로도 더 깊고 넓게 확장하고 성장해야 할 사명 코드 3가지다.

하나님은 우리에게 꿈을 주신 후에는 그 꿈을 이룰 만한 훈련과 연단의 과정도 주신다. 그 지난한 과정을 끝까지 인내하며 잘 마치면 보상을 해 주신다. 나는 그 축복이 사명으로, 그리고 선한 영향력으로 업그레이드된다는 것을 천천히 깨닫게 되었다. 이제 그 순례기를 풀려 한다.

천국은 시작되었다

내 안에서
내 밖에서
알 듯 모를 듯
느낄 듯 말 듯
늘 함께하신다

삶의 원천
생각의 기초
희망의 근거가
되어 주시는 존재
선하게 이끈다

외롭지도

두렵지도

조급하지도 않게

연합된 존재로

천국은 시작되었다

한 그릇 사랑,

꿈이 사명이 되기까지

뭉근하다

[세지 않은 불기운이 끊이지 않고 꾸준하다]

빠른 게 좋다고 합니다.
기차도 빨라지고
통신도 빨라지고
인터넷 쇼핑 배달도 하루 넘기는 것을 참지 못합니다.

그런데 여기
느려야 좋은 것이 있습니다.

은근하고 뭉근하게 끓여야 하는 죽
그래야만 자신의 양분을 고스란히 드러내는 죽
그래야만 부드러움을 갖추고 제 모습을 드러내는 죽

우리의 죽이 그렇듯
우리가 행하는 모든 일에
늘 '꾸준히 인내할 수 있게 해 달라고 기도하는 것'
그것이 하나님이 주신 우리의 영업 비밀입니다.

마음속 희미한 꿈 하나

나는 충남 청양의 종갓집에서 태어나 경제적으로는 안정된 성장기를 보냈다. 하지만 조상의 사당을 모시고 있는 우리 집은 유·불교의 바탕에다 샤머니즘까지 합쳐진, 200년 된 종갓집이었다. 고모 중에 한 분은 스님으로 출가하셨을 정도로 불교의 뿌리가 깊었다.

대학교 3학년 때에야 모태신앙인 남편을 따라 난생처음 교회라는 데를 가 보고 세례도 받았다. 나도 말로만 듣던 기독교인이 된 것이다. 같은 과에서 만난 남편과는 4학년 말에 결혼했다. 당시에 둘 다 객지 생활을 하고 있던 터라 양가에서 빨리 결혼시키자고 서둘렀고, 나도 답답한 우리 집에서 벗어나 다른 삶을 살아 보고 싶었다.

　가난한 집의 외아들인 남편과 함께 나는 처음으로 매일 돈 걱정을 해야 하는 가난이란 것을 경험하게 되었다. 첫딸을 낳은 후 결혼반지도 팔고 돌반지도 팔아 쓰는 궁색한 나날이 이어졌다. 취직도 안 되고, 어떻게 살아야 될지 몰라서 언니, 오빠네로, 친척집으로 돈을 꾸러 다녔다. 물어물어 찾아가 돈 이야기도 아직 꺼내지 않았는데 문전박대를 당한 날, 내가 들은 말을 잊지 못하겠다.

　"쟤, 저렇게 돈 꾸러 다니다 인생 망친다. 버릇 드니까 그냥 내쳐 버려."

　수군거림과 손가락질을 당하는 내 모습이 서러웠다. 집으로 돌아오는 기차 안에서 아이를 안고 눈물 흘리며 기도했다. '이제 더 이상 사람을 찾아다니지 않겠다'는 결심을 하며 하나님께 더 매달렸다. 당장은 대안이 없으니 매일 집에서 가까운 교회에 나가서 기도했다. 비록 복을 간구하는 기복신앙 수준이었지만, '축복을 주시는 분은 하나님'이시라는 생각이 내 안에 강하게 자리 잡고 있었다.

막막하지만 무엇인가 우리 일을 해야 된다는 생각은 있었다. 모교 근처에 교수님들의 책을 출판하는 인쇄소 수준의 출판사를 차렸지만 1년도 안 되어 접었다.

그 후 1989년 겨울, 100만 원을 가지고 상경해 보증금 100만 원에 5만 원짜리 방 한 칸을 마련했다. 부천의 역곡 시장통 근처에 있는 한 연립주택이었다. 계속 새로운 사업을 시작했지만 뜻대로 되지 않았다. 그때의 기도 제목은 매일 부자가 되게 해 달라는 것이었다. 그냥 부자는 좀 민망하고 하나님께 죄송해서 '선한 부자'를 간구했다. 그때는 알지 못했지만 이 꿈은 본사랑재단이라는 구제와 섬김 재단으로 이어지는 여정의 첫발이었다.

"아버지, 제게 축복을 주시면 나누어 주고, 꾸어 주고, 베푸는 선한 부자가 되겠습니다."

돈보다 값진 유산

내 신앙의 뿌리는 시어머니로 거슬러 올라간다. 서천이 고
향인 어머님은 서른여섯에 혼자되어 1남 4녀를 키우셨다.
서천장, 한산장 등 5일장을 돌며 포목 노점을 하시면서도
새벽기도로 자녀들을 지켜 낸 대단한 가장이셨다.

남편과 연애하다 1년쯤 후에 서천 집으로 한 번 인사를
갔다. 남편은 기독교 집안의 사람이기는 했지만 내게 신앙
인이 되어야 한다고 강요하지는 않았다. 어머님도 처음에
는 예수 믿느냐고 물어보시고는 별로 말씀이 없으셨다.

집까지 먼 길이라 어머님과 같이 잠자리에 들게 되었다.
나는 긴장되는 마음에 뒤척이는데 어머님은 고단함에 베개

한 그릇 사명

에 머리를 대자마자 잠이 드셨다. 그런데 새벽 무렵, 웅얼대는 소리에 눈이 뜨였다. 어머님은 무슨 찬송가를 부르고[지금은 나도 자주 부르는 "나의 갈 길 다 가도록"(새찬송가 384장), "지금까지 지내 온 것"(새찬송가 301장), "은혜가 풍성한 하나님은"(새찬송가 197장) 등이었다] 자녀들의 이름을 한 명, 한 명 부르며 기도하시더니 급기야는 내 기도까지 하셨다. 내 귀도, 손도, 발도, 배도 쓰다듬고 어루만지며 기도하시니 당혹스러웠다. 자는 척하며 어머님의 기도 소리를 듣는데, 알 수 없는 감동이 마음에 일었다.

'아, 이 여인은 고단했던 지난날을 기도와 찬송으로 이겨 낼 수 있었구나.'

그 순간 금세 사라질 것 같고 힘없어 보이는 기도와 찬송이 어머님을 끌고 온 현장을 보고 듣게 되었다. 태어나 처음으로 신앙의 고결함과 숭고함을 느껴 본 새벽이었다.

그 새벽의 찬송과 기도에 나는 큰 감동을 받았다. 나를 마음에 썩 내켜 하시지 않는다는 것을 알고 있었음에도 어머님에 대한 신뢰가 생기고, 남편에게까지 믿음이 솟아났다. 어머님이 기도로 키우신 아들이니까 그냥 더 좋아졌다. '이제 그만 헤어질까?' 하던 생각이 '어떻게 하면 이분들과 함께할 수 있을까?'로 돌아서는 데는 오래 걸리지 않았다. 어렴풋하게나마 '나도 나중에 저렇게 기도하는 엄마, 기도하는 아내가 되고 싶다'는 마음이 생겨났다.

이후 방학 때 서천에 몇 번 내려가 어머님을 쫓아 시장에도 가고, 외상값을 받으러 산동네도 오르고, 교회도 따라갔다. 남편의 식구들과 친해지면서 조금씩 그 집안 식구가 되어 갔다.

그러면서 어머님의 삶을 가까이에서 보게 되었다. 시장에서 물건을 팔고 돈을 받으면 빳빳한 새 돈은 한쪽으로 빼 놓으셨는데, 알고 보니 헌금용이었다. 되도록 세상 때가 덜 묻은 돈을 하나님께 드리시려는 정성이 귀하게 보였다. 또한 시골 교회의 낡은 방석이나 커튼을 어머님이 손수 갈아 주시는 모습을 보며 하나님과 교회에 대한 아녀자의 사랑 표현을 느꼈다. 다비다(행 9:36) 같은 어머님의 지극한 신심과 실천은 신앙의 기본기로서 내게 좋은 모범이 되어 주었다.

가장 인상적이었던 어머님의 장점은 긍정적인 생각이었

다. 어머님은 고단한 인생에 지쳐 우울하기는커녕 밝고 사랑이 넘치셨다. 처음에는 매사에 늘 기뻐하시고, 감사하시고, 웃으시는 모습이 이해하기 어렵고 신기하기만 했다. 매일 보따리, 보따리 무겁게 들고 다니시느라 강바람에 어머님의 손등은 트고 볼은 빨갛게 얼어 있었다. 한복 주문이 들어오면 첩첩산중 시골에 있는 집까지 걸어서 갖다 주어야 하는 고단한 장사였는데도 불평불만 한마디를 들어 본 적이 없다. 항상 "감사하다", "고맙다"는 말씀과 자녀들을 귀하게 여기시던 모습만 눈에 선하다.

경제 상황과는 무관하게 마음이 풍요로운 어머님은 감사와 긍정이 넘치시는 분이었다. 어쩌면 그것이 진짜 믿음이 아닐까 싶다.

나의 친정집은 그렇지 못했다. 할아버지, 아버지와 어머니, 작은 부인, 그리고 13형제에 손님과 거지가 북적이는 집안이니, 평안한 적이나 바람 잘 날이 없었다. 집성촌의 지주 집안이니 늘 다사다난했다. 사랑이나 평안, 기쁨, 긍정보다는 체면과 허식, 질투와 짓눌림이 더 많은 엄한 분위기였다. 나는 어릴 때부터 '복잡한 이 집안을 떠나고 싶다'는 생각에

책과 공상의 세계로 도피하곤 했다.

나의 어머니는 작은집 아이들도 책임져야 하는 의무감에 짓눌려 계셨다. 아버지는 작은 부인 차지였으니 어머니는 늘 우울하셨고, 불평불만을 표시하지 못해 화병을 앓으셨다. 나는 그 모습을 고스란히 보고 자랐다. 어머니가 화를 주체할 수 없어 부엌에서 혼자 욕하고 식기를 집어 던지며 힘들어하시는 모습을 보고 속상해서 "엄만 이 집을 나가 버리지, 왜 이렇게 일만 하고 사세요?" 하고 함부로 쏘아붙인 적도 많았다.

아버지가 작은집으로 가시는 모습을 보고도 못 봤다고 거짓말하기 일쑤였고, 작은집 아이들을 미워했다. 사람을 미워하는 감정의 쓴 뿌리가 자라난 유년 시절의 상처는 성인이 되어서도 잘 해소되지 않았다. 아버지에 대한 미움 또한 오래갔다. 그 반작용으로 친정집을 떠나고 싶어 결혼을 일찍 하지 않았나 싶다(물론 하나님의 개입하심이 있었다고 믿는다).

그런 내게 돈보다 더 귀한 신앙의 유산, 기도의 유산을 선물해 주신 분은 시어머니다. 찬송과 감사와 기도의 인생을 사신 어머님으로부터 값없이 물려받았다. 어머님은 기도하는 자세, 하나님에 대한 사랑, 하나님으로부터 온 평안과 기쁨, 자유함을 내게 보여 주셨다. 은혜 중에 은혜다.

너, 밀알이 되어라

결혼 후 기댈 데가 없으니 아이를 데리고 교회를 열심히 다녔다. 수요예배, 금요예배는 물론, 주일에는 아예 교회에서 살면서 하나님을 조금씩 더 배우고 알아 갔다. 철야예배 때는 방언기도를 하는 분들의 모습을 보며 '나도 하나님을 더 구체적으로 체험해 보고 싶다. 나도 하나님과 더 깊이 대화하고 싶다'는 마음이 뜨거워졌다.

사실 부끄러움을 많이 타고 체면이나 남의 이목을 신경 쓰는 사람이 나다. 방언을 사모하는 열망이 생겼지만, 남들 앞에서는 못할 것 같았다.

하나님은 주저하는 내 마음을 정확히 아셨다. 금요 철야

예배를 마치고 토요일 아침에 집에서 혼자 기도하는데, 주님이 나를 찾아오셨다. 말로만 듣던 성령 세례를 받은 것이다. 그 체험은 내 인생에서 가장 큰 터닝 포인트였다. 내 필요에 의해서 신앙생활을 하기로 결정했다고 생각했는데, 아니었다. 살아 계신 하나님이 내 안에 훅 들어오셨다. 어느 목사님의 표현대로라면 '예수 벼락'을 맞았다고 하던데, 정말 주님의 성령이 내 몸 전체를 완전히 덮어 주셨다. 예수 그리스도의 십자가와 보혈의 피가 내 마음에 들어온 뜨거운 체험이었다.

성령 세례는 신앙적인 성장과 더불어 나라는 사람을 바꾸는 계기가 되었다. 나는 예수님이 정말 하나님이시라는 것, 나의 죄 때문에 십자가에 달리셨다는 것, 그리고 주님의 부활을 믿고 하나님의 자녀가 되는 놀라운 권세를 받아들였다. 아무것도 아닌 내가 오직 은혜로 영생을 얻고 구원의 반열에 들다니, 이보다 더 좋을 수 없는 최고의 감격과 축복이었다.

"그런즉 누구든지 그리스도 안에 있으면 새로운 피조물이라 이전 것은 지나갔으니 보라 새것이 되었도다"(고후 5:17)

라는 말씀이 나를 덮쳤다. 성령 세례를 받은 후에 나는 새사
람으로, 전혀 다른 사람으로 바뀌어 갔다.

소원까지 바뀌었다. 선한 부자와 축복에 대한 갈구를 넘
어 전혀 다른 꿈이 생겼다. 어느새 이 세상에서 가장 중요한
가치, 내 인생을 걸 만한 가치를 구하고 있었다.

"하나님, 저도 주님의 일꾼이 되고 싶어요. 하나님께 인정
받고 쓰임 받고 싶어요. 신학 공부도 해 보고 싶어요."

부자가 되게 해 달라는 간구에서 나를 써 달라는 간구로
기도 제목이 달라졌다.

보습학원 강사 시절, 조리 있게 잘 가르친다는 이야기를
좀 들었던 나는 내 역량 중에 가르치는 은사가 있다는 것을
알고 있었다. 그 은사로 하나님의 말씀을 가르치고 간증하
는 사람이 되고 싶다는 소망을 품게 되었으니, 정말 엄청난
변화였다.

그때 받은 말씀이 "그런즉 너희는 먼저 그의 나라와 그
의 의를 구하라 그리하면 이 모든 것을 너희에게 더하시리
라"(마 6:33)였다. 이 말씀이 큰 도전이 되었다. 선한 부자도

하나님의 나라와 그의 의를 '먼저' 구해야 맞다.

'그렇다면 그의 나라와 그의 의를 구하는 것이 뭐지? 어떻게 그 길을 갈 수 있지?'라고 질문하며 기도하고 있을 때 하나님이 내게 한 단어를 주셨다.

"너, 밀알이 되어라."

'밀알'이라니? "한 알의 밀이 땅에 떨어져 죽지 아니하면 한 알 그대로 있고 죽으면 많은 열매를 맺느니라"(요 12:24)라는 말씀에 나오는 그 밀알인가? 그렇다면 내가 죽어야 된다는 말씀인데….

'밀알'이라는 단어가 무척 부담이 되었다. 그 작은 밀알이 가슴에 박혀 뽑히지가 않았다. 그래서 시작한 것이 주일학교 초등부 교사였다. 그의 나라와 그의 의를 구하는 밀알의 의무를 작게나마 해소하기 시작했다. 주일학교 교사는 사역자가 되고 싶다는 꿈을 받고, 그 꿈을 이루어 가는 시작점이었다.

초등학교 4학년 아이들은 정말 예뻤다. 성령 세례를 받기 전 나는 이기적이고 개인주의적인 사람이었다. 남에게 흠 잡히지 않으려고 노력하고 흠 잡힐 행동도 하지 않는 성실한 모범생 타입으로, 타인이 내 삶에 끼어드는 것을 싫어했다. 그러했던 내가 예수 그리스도를 삶의 주인으로 모시니 아이들이 그렇게 예쁠 수가 없었다. 아이들에게 전화하고, 심방 가고, 학용품이나 책을 사서 나누어 주고, 함께 소풍 가고, 집으로 초대도 하면서 상관하고 섬기는 반전이 내 인생에 펼쳐졌다. 남편도 내가 좀 이상해졌다고 말할 만큼 아이들을 사랑하게 되었다.

구역장이 되어서는 구역 식구들을 섬기는 기쁨을 누렸다. 교사로, 구역장으로 공과 공부를 인도하고 가르치는 일에서 사역자의 꿈이 피어났다. 그것이 나중에 본월드미션이라는 선교 재단을 세워서 선교사님들을 돌보고 지원하는 사업으로 확장되었으니, 나 자신도 놀랍기만 하다.

사역자의 꿈을 이루어 가는 시작은 미약했지만 아주 강력했다. 하나님이 나중에는 간증자로 다니며 선한 영향력을 끼치는 증인의 삶을 살도록 세워 주셨다. 그 일련의 과정은 차차 밝히려 한다.

선한 부자의 꿈, 사역자의 꿈이 시작되고 자라나더니, 하나님은 나를 3가지 사명으로 이끌어 주셨다. 바로 축복의 통로 본죽, 사랑의 통로 본사랑재단, 복음의 통로 본월드미션이다. 하나님은 내게 3가지 사명을 맡기고 실현해 주셨다. 사명이 선한 영향력으로, 증인의 삶으로까지 이어지는 놀라운 역사가 나의 초라한 인생에 일어났다.

한 그릇 사랑, 꿈이 사명이 되기까지

그분의 손길 한 번이면

성령 세례를 받고 난 후에야 하나님이 나의 주인이시라는 사실을 더 확실히 알게 되었다. 그전에는 예수 믿는 남편을 만났으니 자연스럽게 기독교인이 되었고, 아이를 업고 돈을 꾸러 다니면서 축복의 주인이 하나님이시라는 것까지는 믿었다. "이제 저를 축복해 주세요"라는 기도를 거듭 드리면서 하나님께 가까이 가기는 했지만, 복을 받기 위한 목적이었으니 내 신앙은 그저 기복신앙이었다.

비록 출발은 그러했지만, 신앙의 성장 과정에서 목마름과 결핍 역시 필요한 것 같다. 축복에 대한 목마름에서 신앙생활을 시작했지만, 다른 성도들을 보면서 하나님의 비밀을 조금씩 알게 되었고, 더 궁금해졌다. 하나님을 더 가까이하면서 주님의 신비와 개입하심을 갈망하는 사람이 되어 갔다.

나는 평일에 드리는 예배, 구역 예배, 산 기도회까지 다니면서 살아 계신 하나님을 체험해 보고 싶다고 매달렸다. 그래도 다른 사람들이 있는 데서 통성으로 크게 기도하는 것은 성격상 어려웠다. 감사하게도, 주님은 마음은 있지만 주저하는 나를 내치지 않으셨다. 나도 모르는 사이에 내 영혼의 주인이 작디작은 영혼의 성장을 이끌고 계셨다.

"사랑하는 자여 네 영혼이 잘됨같이 네가 범사에 잘되고 강건하기를 내가 간구하노라"(요삼 1:2)라는 말씀이 내게 정확히 적용되었다. 내가 축복을 달라고 떼쓰고 있는 사이에 주님은 축복의 순서에 딱 맞춰서 먼저 영혼이 잘되는 축복, 즉 주님이 베풀어 주시는 성령 세례를 체험하게 하셨다.

토요일 아침에 집에서 혼자 기도하는데 방언의 은사를 받았다. 콧물, 눈물이 흐르면서 지난날이 머릿속에 스치며 회개의 기도가 막 쏟아졌다. 내 입술에서도 하늘나라의 언어

가 터지다니! 전대미문의 충격은 지금까지도 잊을 수가 없다. 또 한 번 말하지만 내 인생에 가장 큰 터닝 포인트였다.

나는 "어떻게 하나님의 사람으로 사세요?"라고 묻는 분들에게 이런 대답이 술술 나온다.

"저는 살아 계신 예수님을 만났어요. 그분의 십자가가, 그분의 보혈이 정말 저를 구원했어요. 그 복음에 빚진 자로서 감사해서 복음의 은혜와 복음의 축복을 따라 살다 보니 여기까지 왔어요. 내 힘으로 사는 것이 아니라 주님이 하나님의 사람으로 살게 해 주시는 것이지요."

내 인생에 벌어진 성령 세례는 BC(Before Christ, 주전)와 AD(Anno Domini, 주후)로 갈리는 기적과도 같았다. '위드아웃 유'(Without You, 주님 없이)와 '위드 유'(With You, 주님과 함께)처럼 삶의 차원이 달라진 드라마틱한 변화였다.

사실 그전에는 예수님이 하나님이신지가 잘 믿어지지 않았다. 성경 말씀도, 성삼위일체도, 성령님의 존재도 영 이해하기 어려웠다. 교회에서 말하는 사탄이나 귀신도 낯설기만 했다. 아담의 죄가 나와 그렇게 깊은 관련이 있는 줄 몰랐으니, 내가 죄인이라는 사실을 받아들이는 것조차 아주 힘들었다.

그렇게 의심 많던 내가 주님의 손길 한 번에 녹아내렸다. 주님 앞에 엎어지니 복음을 마음으로 믿고 받아들일 수 있었다. 그 복음이 나를 변화시켰다. 너무나 놀라운 만남이 일어나 감았던 눈을 뜨니 나라는 사람이 바뀌었다. 사람들이 귀하게 보였고, 주일학교 아이들이 정말이지 예뻤다.

꿈도 바뀌었다. 부자의 꿈이 아니라 하나님의 일꾼이 되고 싶은 꿈, 신학 공부가 하고 싶은 꿈이 부풀기 시작했다. 하나님에 대한 첫사랑은 정말 나 자신에게 벅찰 만큼 엄청났다. 매일 새벽기도를 드리며 "제 인생을 주님께 다 드리겠습니다"라고 고백하면서 하나님의 사랑과 인정과 인도하심을 갈망했다.

사실 내게는 대학교 시절부터 누구에게도 말 못할 갈증이 있었다. 1학년 때는 시험도 거부할 정도로 방황이 길었다. '나는 무엇을 위해, 왜 살아야 하나? 내 인생을 걸 만한 가치와 목적이 무엇일까?'를 고민하면서 늦은 사춘기를 겪

한 그릇 사랑, 꿈이 사명이 되기까지

었다. 그러다가 지금의 남편인 남자친구가 생기자 '이 사람이 내 인생의 전부일까? 전부였으면!' 하면서 고민이 잠시 주춤했다. 결혼 후 아이를 낳은 후에야 내 인생을 걸 만한 대상은 사람이 아니라는 사실을 알았다.

그러다가 드디어 주님을 만났으니, 나는 인생의 절대 해답을 얻은 것처럼 기쁘고 들떴다. 찾고 또 찾던 해답을 만났기에, 놓치거나 두리번거릴 필요가 없었다. 매일 새벽마다 하나님의 도구가 되고 싶다고 부르짖으며 만나는 사람마다 복음을 전했다.

그럼에도 하나님이 내게 주신 대답은 한마디로 "고맙지만 사양한다"(No thank you)였다. 정말 많이 섭섭했다. 남편도, 목사님도 나의 신학 공부를 반대했다. 대신 통신 신학을 하면서 마음을 달랬고, 주일학교 교사에 전심전력을 다했다. 그 열정으로 교회에서 거의 살다시피 했다. 아이들을 섬기는 일에서 기쁨과 보람을 많이 느꼈다.

내 영혼의 주인은 하나님이시고, 인생의 생사화복은 주님의 손에 달려 있다. 내 생에서 가장 소중하고 중요하신 분, 추구해야 할 목표이자 푯대이신 예수 그리스도가 나를 온전

히 지배하신다. 이처럼 하나님과의 첫사랑은 정신을 차리
지 못할 만큼 뜨겁게 시작되었다.

"나는 오직 주의 사랑을 의지하였사오니 나의 마음은 주
의 구원을 기뻐하리이다"(시 13:5).

내가 네 안에

신앙생활을 한 지 어느 정도 지났을 때였다. "하나님의 세미한 음성을 들으라"라는 목사님의 말씀이 큰 도전이 되어 3박 4일간 열리는 기도회에 참석했다. 단 하나의 목적을 가지고 성산에 올랐다.

'이번에는 꼭 하나님의 세미한 음성을 들으리라!'

새벽기도와 개인 산 기도 시간 내내 다른 기도는 다 덮어두고 "주님, 제게도 말씀해 주세요. 주님의 한 마디 음성을 직접 듣기 원합니다. 제가 어떻게 하나님의 뜻을 이루고 살아야 할지 한 말씀만 해 주세요"라고 정말 간절하게 기도했다.

이제나저제나 하나님이 말씀하실까 기다리다 보니 마지

막 날이 되었다. 하나님은 여전히 묵묵부답이셨다. 곧 점심을 먹으면 하산해야 하는데, 너무 섭섭했다. 밥상 앞에서 식사 기도를 드리며 투정을 좀 부렸다.

"끝까지 제게 아무 말씀도 없으시군요. 너무 낙심이 됩니다. 주님, 한 말씀만 해 주시면 얼마나 좋을까요?"

그때 내 안에서 누군가의 목소리가 들렸다.

"내가 네 안에 있는데 왜 여기서 나를 찾느냐?"

정말 생생하고 분명했다. 깜짝 놀라서 주위를 두리번거렸을 정도다. 밥도 먹는 둥 마는 둥 했다. 그 후 그 말씀이 내 귀와 가슴을 떠나지 않았다. 주님이 내 안에 계신다는 사실을 믿고 받아들일 수밖에 없는, 정말 확실하고 감사한 체험이었다.

'아, 성령 충만이란 주님이 내 안에 계신다는, 즉 그분의 임재하심을 받아들이는 것이구나.'

정말 궁금했던 신앙의 신비를 체득한 중요한 계기였다.

"누구든지 그의 말씀을 지키는 자는 하나님의 사랑이 참으로 그 속에서 온전하게 되었나니 이로써 우리가 그의 안에 있는 줄을 아노라 그의 안에 산다고 하는 자는 그가 행하시는 대로 자기도 행할지니라"(요일 2:5-6).

하나님과의 또 다른 깊은 만남은 고난주간에 기도하러 성산에 올랐을 때 찾아왔다. 겟세마네 동산에 계신 주님을 묵상하다가 땀방울이 핏방울로 변하도록 기도하셨던 예수님의 심정을 느껴 보고 싶었다.

'예수님, 그때 마음이 어떠했나요? 인류를 구원하는 사역이지만 십자가는 너무나 고통스럽고 감당하기 어려운 것이잖아요. 코앞에 닥친 두려움을 보시는 주님의 마음은 어떠했나요? 제가 감히 조금이나마 느껴 보고 싶습니다.'

이렇게 고백하고 주님께 질문하며 간절히 기도했다. 얼마 지나지 않았는데 갑자기 눈에서 눈물이 물 흐르듯, 아니 비 오듯 쏟아졌다. 그러다가 통곡으로 이어졌는데, 얼마나 많이 울었는지 모른다. 통증인가 싶을 정도로 가슴이 막 저렸다.

그날 하나님이 주님의 마음을 느끼게 해 주신 생생한 경험은 지금도 가끔씩 상기한다. 그 후로도 주님을 생각하면 가끔씩 눈물이 주르륵 흐르곤 한다.

주님의 애통하는 마음과 사랑을 깊이 느낀 후로는 주님의 마음을 잊을 수가 없다. 예수님의 사랑이 한꺼번에, 매우 깊이 내 안에 새겨져 버렸다. 지금도 주님을 생각하면 가슴이 먹먹한 사람이 되었다.

지금까지 곳곳에서, 수도 없이 주님의 임재와 사랑을 경험하면서 살았다. 그중에서도 주님이 내 안에 오셨다는 사실을 확인하고 주님의 애통하는 눈물을 흘려 본 체험은 오늘도 살아 계신 주님을 의지하고 그분의 사랑에 감사하며 사명의 길을 걷게 한다. 어떤 어려움과 고난이 와도 흔들리지 않고 주님을 붙잡고 일어나게 한다. 사람의 조건적인 사랑이 아니라 그 크신 하나님의 조건 없는 사랑으로 세상을 바라볼 수 있도록, 주님이 내게 부어 주시는 사랑을 품고 가고 있다.

하나님은 지금도 살아 역사하시고 나와 연합하셔서 하나님 나라의 선한 일, 생명을 살리는 일에 미약하나마 순종하는 도구로 나를 빚어 주시고 돕고 계신다. 주님의 주권적 은혜, 이끄심의 역사다.

"내가 나의 목소리로 여호와께 부르짖으니 그의 성산에서 응답하시는도다"(시 3:4).

적절한 때에 세밀하게 응답하시는 주님께 늘 놀라고 감사하는 마음이다.

의심 많던 내가 주님의 손길 한 번에 녹아내렸다.

주님 앞에 엎어지니 복음을 마음으로 믿고 받아들일 수 있었다.

그 복음이 나를 변화시켰다.

위대한 변화

교리로는 아무것도 변화시킬 수 없다
오직 그분의 보혈에 닿을 때
그분이 안으로 들어오실 때
전혀 다른 사람이 될 수 있다

우리는 스스로 빛을 낼 수 없다
오직 반사할 수 있을 뿐이다
우리는 스스로 내어 주는 사랑을 하기 어렵다
오직 그분의 사랑을 받아야 흘려보낼 수 있다

그 빛에 머물러야 한다
그 사랑을 넘치도록 받아야 한다
그럴 때 비로소 위대한 변화
그분의 빛과 사랑이 드러날 것이다

오직 십자가를 통과해야만

위대한 변화

기적을 경험할 것이다

주를 닮아가는 영광을 볼 것이다

한 그릇 고난,

인내로 맺힌 본죽

살얼음판을 걷다

겨울에 들어서면
저수지의 물이 얼기 시작합니다.
그런데 이 풋내 나는 얼음판은
언제 깨어질지 모르죠.
그래서 그 위를 걸을 땐
온갖 신경을 곤두세워야 합니다.
발걸음 하나하나,
몸 움직임 하나하나.

음식을 만드는 일도 똑같습니다.
생명과 직결된 것이기 때문이죠.

'살얼음판 걷듯 기도하며 음식을 만드는 것'
그것이 하나님이 주신 우리의 영업 비밀입니다.

절망스러운 밤

돈을 꾸러 다니며 축복에 매달렸던 나, 하나님의 일꾼이 되
겠다던 나, 하나님의 나라와 그의 의를 구하겠다고 몸부림
치던 나에게 먼저 영혼이 잘되는 축복을 주신 주님은 이어
서 범사에 잘되는 축복도 내려 주셨다.

　30대 초반에 순식물성 목욕용품 전문점을 약 400곳 정도
내면서 큰 성공을 이루었다. 그전에 방문 학습지, 통신 판
매, 인삼 판매 등 숱한 시행착오를 거쳐서 드디어 대박을 터
뜨렸던 것이다. 서초동에 사옥을 짓고 하남시에 물류 창고
를 마련하면서 잘나가는 사업가로 강남의 좋은 빌라에 입
주했다. 카폰이 달린 세단을 타고 다녔고, 집에는 골프채가

들어왔다. 나도 이른바 강남 8학군에 아이들을 보내는 강남 엄마가 되었다.

그렇다면 하나님과의 관계는 어떠했을까? 제법 살 만하니 '축복을 주시면 나누어 주고 베푸는 선한 부자가 되겠다'는 다짐은 '조금 더 부자가 되면'이라는 말로 스리슬쩍 미루어졌다. 차츰 타성에 젖은 선데이 크리스천으로 변해 갔으면서도 하나님을 사랑하니 신앙에는 별 문제가 없다고 두둔했다.

행함 없는 믿음은 죽은 믿음(약 2:26)이라는 것, 행위 없는 사랑은 의미가 없다는 것을 왜 간과했을까! 뜨거웠던 하나님과의 첫사랑은 차지도 덥지도 않은 신앙으로 정체되어 있었다. 봉사가 줄어들고, 가끔 금요 철야예배를 가는 정도로 만족하면서 내 영혼이 빠르게 식어 가고 있다는 사실을 감지하지 못했다. '나는 문제없다'고 착각했다.

화려한 시절은 잠시였다. IMF가 터지고 수입 업체였던 우리 회사가 날아가는 데는 몇 달 걸리지 않았다. 그저 돈이 없는 가난과는 비교할 것이 아니었다. 한꺼번에 연쇄 부도

자, 세무 체납자, 신용 불량자가 되었으니, 정말 총체적 난
국이었다.

빚쟁이들이 집에 들어와 대기하고 있어 남편은 새벽에
나갔다가 밤늦게야 들어왔다. 불안해진 나는 마음의 병을
앓기 시작했다. 그 무게는 내게 너무나 육중했다. 죄책감과
두려움이 커지자 불면증, 대인기피증이 나를 짓눌러 옴짝
달싹 못 하게 했다. 어쩌다 보니 한순간에 죽을죄를 지은 죄
인이 되어 있었다. 아침이 오지 않았으면 하는 날들의 연속
이었다.

그러던 어느 날, 남편이 새벽기도를 가자고 했다. 그 말에
따라나섰는데, 도착하니 어느 대학병원의 응급실이었다.
위험 신호를 감지한 남편이 나를 신경정신과에 입원시켰
다. 의사는 나를 병원 침대에 눕히고 몇 가지 질문을 한 후
에 곧장 내 양팔과 다리를 묶더니 4층 신경정신과 병동으로
옮겼다.

철문이 열리고, 내 침대가 들어가고, 철문이 닫혔다. 남편
은 좀 쉬고 있으라는 인사만 남기고 계단을 향해 사라졌다.
남편의 뒷모습을 보면서 입술만 달싹일 뿐 아무 말도 나오

지 않은 그 순간, 나는 당혹스럽기만 했다. 무언가가 무너져 내리는 듯한 절망감이 나를 짓눌렀다. 당시 내 심정은 지금도 적절한 표현을 찾지 못할 만큼 참담했다.

한두 달 입원해 있는 동안 갖가지 감정에 휩싸여 불안한 시간을 보냈다.

'나는 여기서 이렇게 끝나는 것인가?'

그곳에서는 성경도, 노트도 허용되지 않았다. 그저 약 먹고, 샤워하고, 밥을 먹는 등 기본적인 일들만 가능했다. 너무나 길고 긴 하루여서 몇 번씩 샤워만 했다.

불면의 밤, 작은 창문으로 밖을 내다보면 십자가가 수도 없이 보였다. 그때마다 "주님, 아이들이 정말 보고 싶습니다. 저도 집에 가고 싶고, 아버지 집에 가서 예배드리고 싶습니다. 이제는 돌려보내 주세요"라고 기도했다. 주기도문과 사도신경만 기억났다. 약을 먹으면 그마저도 희미해져, 주님과의 끈이 끊어질까 봐 계속해서 주기도문과 사도신경만 외우며 그 시간을 보냈다. '어떻게든 여기서 살아 나가야 한다. 회복되어야 한다'고 거듭 다짐했다.

어느 정도 치유는 받고 나왔지만, 이후로도 오랫동안 약을 먹어야 잠을 이룰 수 있었다. 회복 후 세상에 나오자 신경정신과 병동 입원 사실이 낙인 효과로 남아서 보이지 않는 불이익을 당하기 일쑤였다. 친구도, 지인도 아무도 남지 않았다.

절대 고독의 시간을 견뎌야만 했다. 세 딸들도 엄마에게 스트레스를 주면 안 된다면서 내게 말을 걸지 않았다. 나는 마치 종이 인간이 된 것 같았다. 내 존재감이 가벼워져서, 아니 없어진 것 같아 힘겨웠다. 가족의 중심이었던 내가 아무것도 아닌 존재가 되니 절망과 낙심으로 죽고 싶은 충동에 시달렸다.

절망스러운 밤, 그 절대 고독의 시간을 밖으로 꺼내기까지 오랜 시간이 걸렸다. 고난이 쉽게 해석되지 않았기 때문이다. 나중에 하나님께서 나를 새롭게 빚으시는 훈련 과정이었다고 해석되었을 때야 아픔을 드러낼 수 있었다.

하나님은 서서히 그 일들을 그분의 눈으로 해석할 수 있게 하셨다. 오스왈드 챔버스가 쓴 《주님은 나의 최고봉》이

한 그릇 고난, 인내로 맺힌 본죽

라는 책이 시작이었다. 그 책에서 "당신의 인생에 무덤이 있습니까?"라는 제목을 보며 '아, 그때 그 시간이 내 인생의 무덤이었구나' 하고 깨달았다. 나의 아집과 편견, 쓴 뿌리가 죽어 가는 무덤의 시간이었다는 사실을 이해하고는 큰 위로를 받았다.

그 후 중국이나 유럽 출장을 다니면서 지하교회를 방문해 그곳의 역사를 들으면서는 나의 신경정신과 병동에서의 시간과 가슴 졸였던 심정이 오버랩되면서 초대교회 성도들의 마음을 조금이나마 헤아릴 수 있었다.

그리고 나중에는 병동의 어둠에 갇혀 있던 시간조차 하나님이 기꺼이 내게 허락하셨다는 것을 깨닫고는 더더욱 감사하게 되었다. 주님은 고난을 통해 나를 가까이 부르셨다. 일이 많아지던 시기에 뒤돌아보니 병동은 오히려 안전지대였다. 하나님이 지친 나를 번쩍 들어 옮겨서 휴식을 하사하신 시간과 장소였다고 해석되었다. 우리 하나님은 얼마나 치밀하게 나를 놀라게 하는 멋진 분이신가!

지극히 작은 것이라도

절망감에 주저앉아 있을 수만은 없어 숙명여자대학교 입구에서 호떡 장사를 했다. 상경하신 시어머니와 시누이, 그리고 우리 가족까지 일곱 식구의 생계를 해결해야 했다.

호떡 포장마차는 마련했는데, 그곳까지 다가가는 데 3-4일 걸렸다. 길 건너에서 호떡 장수 남편을 바라보며 나는 주변만 계속 서성거렸다. 주님은 그런 나 자신을 보게 하며 깨우쳐 주셨다.

"잘나가고 좋을 때는 남편이라고 따라다니고, 호떡 장수 남편은 부끄러우냐?"

그 순간, '아, 내가 이 정도밖에 안 되는 사람인가?' 자책

하고는 남편에게 다가갔고, 반죽 만드는 일을 맡았다.

남편은 불편하고 추운데도 양복을 입고 넥타이를 맸다. 옷이라도 깨끗이 입으며 나를 방치하지 않고 지키고 싶었다는, 재기하고 싶었다는 남편의 속내를 나중에야 듣고는 한참 동안 마음이 짠했다.

추위나 시선보다 정작 어려운 일은 포장마차를 빼앗기는 것이었다. 구청 단속반이 포장마차를 실어가 버리면 바닥에 흩어진 반죽 재료와 도구들을 주워 올리며 뜨거운 눈물을 많이 흘렸다. 벌금을 내고 포장마차를 찾아와서는 다시 마땅한 자리를 찾아 전전해야만 했다. 밤새 묶어 놓은 포장마차를 도둑맞아 새벽에 들고 온 반죽을 땅바닥에 놓고 망연자실하던 때도 있었다.

울며 장사하면서 하나님의 절대 주권을 인정하게 되었다. 500원짜리 호떡을 먹으러 오는 손님 하나도 하나님이 허락하시지 않으면 없다는 것을 철저히 깨달았다. "사람이 마음으로 자기의 길을 계획할지라도 그의 걸음을 인도하시는 이는 여호와시니라"(잠 16:9)라는 말씀이 자주 떠올랐다.

또한 물질의 주인이 하나님이심을 온전히 깨닫는 청지기 훈련을 받았다. 적은 벌이에도 매번 십일조와 감사헌금을 드렸다. 호떡 장사를 한 시기는 무릎으로 호떡을 반죽하는 시간, 나를 빚어 가는 수업 시간이었다. 거리에서 약하고 고단한 이웃들을 마주하면서 회개도 많이 했다.

'이렇게 싹 날아갈 줄 알았으면 선한 일에 물질을 더 많이 쓸 걸…. 내게 또 한 번 기회가 올까?'

'재기'라는 하나의 목표를 향해 일하면서 부부 사이가 좋아졌다. 새벽기도도 같이 다녔다. "나의 등 뒤에서 나를 도우시는 주" 찬송을 부르며 그 시간을 살아 냈다.

그러던 차에 신앙 초년생이었던 나를 잘 이끌어 주신 구역장 김 집사님의 암 말기 소식을 전해 들었다. 부군의 사업까지 어려워져서 더욱 힘들다는 소식에, 도울 형편은 아니었지만 100만 원을 꼭 드리고 싶은 마음이 들었다. 하루에 3만 원, 5만 원, 많이 팔면 7만 원 수입이 고작인 장사였지만, 이렇게라도 은혜를 갚지 않으면 평생 후회할 것 같았다. 남편에게 계속 이야기했다. 김 집사님의 극진하심을 잘 아

한 그릇 고난, 인내로 맺힌 본죽

는 남편이 마침내 "한번 모아 보자" 해서 두 달 정도 열심히 돈을 모았다.

그리고 어느 바람 부는 날, 병원을 찾아갔다. 김 집사님은 이미 복수가 차서 숨도 잘 못 쉬고 누워 계셨다. 미안하고 안타까운 마음에 파리한 손을 붙잡고 기도를 드렸다. 하지만 김 집사님은 오히려 "지혜 엄마, 힘내. 다 잘될 거야. 하나님이 항상 도우시니까…. 울지 마" 하며 나를 응원하고 위로해 주셨다. 나는 그분의 병상 머리맡에 100만 원을 놓고는 펑펑 울고 돌아왔다.

김 집사님이 돌아가신 후 남은 식구는 부군과 남매였다. 부군이신 강 대표님은 우리 기업의 부사장과 계열사 사장을 역임하셨고, 본사랑재단을 세우는 데 든든한 역할을 감당해 주셨다. 김 집사님은 돌아가셔서도 이렇게 나에게 내리은혜를 베풀어 주셨다. 그 은혜는 내게 흘러왔고 넘쳤다.

열매를 얻기 위한 훈련장

남편은 마음이 병든 나를 데리고 친구가 운영하는 회사에 취업을 했다. 쉽지 않은 일이었지만, 지금까지도 내가 참 감사한 대목이다. 할 수만 있으면 집에서 나와 움직이도록 치유를 도와준 외조자가 남편이다.

외식 컨설팅 회사에 딸린 요리학원에서 설거지와 청소, 냉장고 정리, 요리사 보조, 심부름 등을 맡았다. 당시 나는 여전히 지쳐 있던 터라 사실 많이 힘들었다. 약을 먹으면 정신이 또릿또릿해지지만 자살 충동이 일어났고, 약을 먹지 않으면 몽롱해지고 처졌다. 약을 안 먹으면 힘들고, 약을 먹으면 더 힘든 악순환이 반복되었다.

한 그릇 고난, 인내로 맺힌 본죽

정말 어려웠던 것은 쉽게 사라지지 않는 절망과 낙심 때문이었다. 앞이 보이지 않는, 아니 끝이 막혀 있는 터널에 갇힌 느낌이 나를 힘들게 했다. 남편도, 가족도 나를 안쓰럽게 여겼지만 내 마음의 형편을 알아주는 사람은 없었다. 이 암울한 고난의 시간이 해석되지 않았다. 주변 성도님들은 성경책에서 욥기를 읽어 보라며 이런저런 신앙 서적을 선물해 주셨다.

그중에 큰 도움이 된 책들이 있다. 송봉모 예수회 신부님이 쓰신 《고통, 그 인간적인 것》(바오로딸)과 《광야에 선 인간》(바오로딸, 1998)이다. "고통은 삶의 실재다. 하나님과 진정한 관계를 맺는 시간이니 한 가지 고난 앞에서 인생 전체를 비관하지 마라. 고난은 가장된 축복이다. 그러니 하나님을 철저히 신뢰하고 찬양하라"는 글이 마음을 움직였다. 이 험한 세상, 즉 광야에 대해서는 "우선순위를 보는 장소, 반항과 시험과 유혹과 분별의 장소이자 과정"이라는 정의가 눈에 들어왔다. 현재의 고난을 해석해 주는 교과서를 만난 것 같아 기뻤다.

한 그릇 사명

"형통한 날에는 기뻐하고 곤고한 날에는 되돌아보아라"
(전 7:14).

이 말씀을 읽으면서 내 인생을 돌아보았다. 그리고 예수님의 고난도 생각해 보고, 주변 사람도 돌아보라는 뜻으로 알고 고난을 묵상하게 되었다.

'아, 고난은 인생을 유익하게 하는구나. 고난은 인생의 성장과 성숙을 위해 마련된 하나님의 장치구나!'

그 순간, 내 오랜 질문에 대한 정답을 얻은 것 같았다.

또한 '진주의 비유'가 내게 떨어져서 싹이 났다. 조개의 살에 상처가 나면 조개는 몸에 있는 진액을 내어 계속 상처를 감싼다. 그러다 보면 상처가 변해 진주로, 흉터가 변해 무늬가 된다. 이 사실을 생각하면서 '내 상처도 훗날에는 진주가 되지 않을까? 진주가 되면 좋겠다'는 희망을 품게 되었다. 나는 지금도 그때의 소망을 기억하며 진주 귀걸이를 즐겨 착용한다.

'모래 위의 발자국' 이미지도 그때 보았다. 한낮에 뜨거운 모래밭을 걸어가는 동안 4개의 발자국이 아니라 2개의 발자국밖에 없다고 주님께 불평했다. 그러자 돌아온 대답은

"내가 너를 업고 가고 있단다"라는 주님의 다정한 음성이었다. 나 혼자 사막을 건너지 않도록 비록 보이지는 않아도, 인식하지는 못해도 하나님이 동행하신다는 든든한 이미지가 내 마음에 큰 위로가 되었다.

하지만 지쳐 있던 시간만큼 영적인 목마름은 깊었다. 낮에 너무 힘들 때면 요리학원 주변의 종로통을 울면서 돌아다녔다.

'저는 주님의 예정 가운데 없는 존재인가요? 저는 여기까지인가요? 주님의 축복을 감당하지 못한 저를 이렇게 내쳐 버리시나요?'

절대 고독의 나날에는 하루가 너무 길었다. 요리학원으로 돌아와서 혼자 정리하고 청소하고 난 후에는 실습하고 남은 돈가스를 막 먹었다. 알 수 없는 허기를 어찌하지 못해 토하도록 먹고 또 먹었다. 살이 70kg 가까이 쪘고, 눈 밑에는 기미가 까맣게 끼었으며, 앞머리가 빠져서 머리카락을 짧게 잘랐다.

나 자신이 먼지나 쓰레기처럼 아무것도 아니며 이 땅에

필요 없는 존재 같다는 자괴감에 빠져 스스로가 싫어졌다. 존재감의 위기는 나를 저 아래로 끌어당겼다. 나 없이도 우리 가족은 잘 살 수 있을 것 같았다.

피조물인 나는 내 머리털 하나도, 기미 하나도 내 힘으로 어떻게 못한다. 체면과 허세, 이목을 중시하는 나의 실체가 드러나니 무엇으로도 감출 수 없는 나를 바로 보게 되었다. '이렇게 끝나는 것인가?' 하는 두려움과 함께 하나님에 대한 갈급함이 다시 나를 두드렸다.

"주님, 한 번만 더 기회를 주시면 잘 살아 보겠습니다. 저처럼 우는 이들의 눈물을 닦아 주는 사람이 되겠습니다."

최복이는 하나님이 택하신 사람, 아버지께서 사랑하시는 딸이라는 확증이 필요했다. 세상 누구도 나를 모른다 해도 하나님이 나를 사랑하신다면 살 수 있을 것 같았다.

먼지 같은, 아니 분토만도 못한 존재에게 축복같이 거창한 것은 필요 없었다. 그저 하나님 한 분이시면 충분했다. "주님이 나를 붙잡고 계신다. 너는 내 딸이다"라는 말씀만 있으면 되었다. '주님의 옷자락 끝만 잡을 수 있다면'이라는 실오라기 같은 믿음, 그 믿음이 하나님만을 온전히 찾는 시간을 가져다주었다.

"주님, 저 이제 다 필요 없어요. 너는 하나님의 자녀라고, 너를 사랑한다고 한마디만 해 주세요."

이 기도의 응답으로 나는 소생했다.

어느 날 생명수와도 같은 광고지 한 장을 받았다. ARS 전화로 듣는 조용기 목사님의 10분 설교였다. 그 말씀을 매일 기록하고 큐티(QT)를 하면서 나는 살아났다.

우울증 치료와 언어의 영성뿐만 아니라 '본죽'이라는 브랜드까지도 선물로 받았다. 복음의 축복을 받은 시간이었다. 혼자 말씀을 듣고, 쓰고, 묵상하는 큐티를 매일 하면서 정말로 "주의 말씀은 내 발에 등이요 내 길에 빛"(시 119:105)이라는 사실을 생활 속에서 체험했다.

"그가 찔림은 우리의 허물 때문이요 그가 상함은 우리의 죄악 때문이라 그가 징계를 받으므로 우리는 평화를 누리고 그가 채찍에 맞으므로 우리는 나음을 받았도다"(시 53:5)라는 말씀에 큰 은혜를 받았다.

설교를 들으며 원망과 근심, 불평불만의 말들이 감사와 긍정의 말로 바뀌었다. 말씀을 적고, 외우고, 순종하면서 내

적 치유도 받았다. 말씀은 아픈 나를 변화시켜 사명의 사람
으로 성장시켜 주었다.

한 그릇 고난, 인내로 맺힌 본죽

고난 없이 맺히는 열매는 없으니

대학로 후미진 골목의 2층에 가게를 차렸다. 요리학원 보조로 일하며 어깨너머로 배운 경험이 본죽을 세운 밑바탕이 되었다. 그러니 깜깜한 터널 같았던 연구 수업이 없었다면 본죽 역시 없었을 것이다. 요리는 그저 손맛이라고 주장할 뿐 레시피나 계량화의 중요성은 몰랐던 나였다. 요리에서 맛의 통일성은 재료의 정확한 양과 조화에서 나온다는 것과 레시피가 얼마나 중요한지를 알게 되었으니 프랜차이즈의 핵심 원리와 노하우를 준비한 셈이었다.

가게 이름을 놓고 새벽기도를 하던 중에 '본죽'이라는 이름을 선물로 받았다. 본죽의 로고는 외식 컨설팅 회사의 디

자인 협력사였던 유 사장님이 만들어 주셨다. "죽&차 전문점 본죽"이라는 예쁜 간판이 걸렸다.

야심 찬 오픈 첫날, 가족들이 몰려와 팔아 주고는 다음 날부터 파리가 날리기 시작했다. 개미 한 마리 다니지 않는 골목 안쪽에서 9그릇 판매를 기록했다. 가족들도 딱하다 싶었던지 "아무리 눈썰미가 없어도 그렇지, 이렇게 손님이 없는 데다 가게를 얻었니?" 하고 핀잔을 주었다. 지금의 1,800여 가맹점 중 가장 입지가 떨어지는 곳이 본죽의 메카였다.

우리는 장사 틈틈이 혜화역에서 정장을 차려입고 정중하게 광고지를 건넸고, 가까운 대학병원의 환자실을 찾아가 냉장고 안쪽에다 가게 스티커를 붙였다. 차츰 입소문이 났다. 처음에는 호기심 많은 여성 고객들이 왔고, 나중에는 그들이 동료들을 데려오면서 매출이 조금씩 올랐다.

손님이 없을 때는 한두 시간 만에 오신 손님 한 분이 정말 하나님이 오시는 것 같았다. '주께 하듯' 맨발로 뛰쳐나가 손님을 맞이하고 필요에 맞춰서 대접했다. 그러다가 손님이 차츰 몰리면서 하루에 50그릇씩 나가야 하니 감당을 못했다. 대량으로 끓이면 쉬웠겠지만 본죽은 1인분씩 주문과 동시에 죽을 쑤는 프로세스가 아닌가. 20-30명의 점심 손님 주문과 포장을 해 내느라 주방은 매일 전쟁이었다.

4명이 와서 2그릇을 시키거나, 맛이 나지 않거나, 제때에 죽이 나가지 못할 때는 그만 포기하고 싶었다. 100그릇 목표 달성을 앞에 두고는 죽고 싶을 정도였다. 내 일이 아닌 듯 느껴졌고, 손님을 감당하지 못할 것만 같았다.

주방 실장님은 점심때는 잘나가는 메뉴로 미리 죽을 쑤어 놓고 한 그릇씩 떠 주자는 의견을 내셨다. 쉽게 가는 방법, 빠른 방법을 고민했지만 나는 처음의 노하우와 프로세스대로 가고 싶었다. 즉석에서 쑤어야 가장 좋은 맛이 나는데, 어렵다고 한 통씩 쑤어 놓고 떠 주는 것은 손님 입장에서나 내 입장에서나 용납이 되지 않았다.

월세가 한두 달 밀리니 포기할 수도, 더 갈 수도 없었다. 늦은 밤마다 시뮬레이션을 해 보며 방법을 찾았다. "가스불이 6개이니 테이블 A, B, C, D의 주문 내역에 따라 영양 죽과 전통 죽 주문은 이렇게 처리하자", "포장 주문과 반찬은 이렇게 하자"등 시뮬레이션을 해 보고, 적용하고, 보완하고, 또 보완하다 보니까 8개월쯤 되니 손님이 계단까지 줄 서는 가게가 되었다.

초반에는 계단에 사람 발소리만 들려도 노이로제 증상을 일으키던 내가 200그릇도 거뜬히 감당해 냈다. 그러고는 TV를 탄 후 수직 상승 시기가 찾아왔다. 유명 프로그램에 본죽이 소개되면서 죽을 먹겠다는 손님이 줄을 섰고, 죽 집을 차리겠다는 사장님들도 계단 아래까지 줄을 길게 섰다.

그사이 나는 죽의 달인이 되어 있었으니 상관없었다. 그전에 축복을 받았다면 그러한 결과를 받아 누릴 수 있었을까? 아찔하다. 고난 중에는 몰랐는데 훈련을 마친 후에 돌아보니 여호와 이레, 예비해 주신 하나님께 감사한 일 투성이다. 정말 본죽은 하나님의 선물, 하나님의 은혜라고 거듭 고백할 수밖에 없다. 다른 이유로는 설명이 안 되기 때문이다.

어느 날부터 죽 맛을 잘 모르겠고 혀에 백태가 낀 듯 돌기가 하얗게 변해 버렸다. 병원에 갔더니 의사 선생님이 혀 속까지 깊이 데어서 맛을 모르는 것이라면서 "실례지만 무슨 일을 하십니까?"라고 물으셨다. 순간 맛도 모르면서 식당을 어떻게 하나 걱정했는데, 다행히 회복되었다. 지금은 간이 좀 세지긴 했지만 맛은 볼 수 있다.

하루 종일 죽을 깊이 젓는 일은 대단한 노동이다. 아침이 면 팔이 올라가지 않을 정도로 어깨가 굳었고, 팔에는 파스 천지였다. 죽이 튀어 데인 손등은 물집이 생겨서 부르트 고 흉이 졌다. 오래 서 있으니 하반신이 저릿저릿하면서 마 비가 올 정도였다. 죽의 달인이 된 대가를 온몸으로 치렀다. 그러고는 축복의 도화선이 된 타이밍을 만났다.

하나님은 우리를 축복하고 싶어 안달나신 분이다. 내가 기다린 것 같지만, 사실은 주님이 나를 기다려 주신 시간이 었다는 것을 선명히 알게 되었다. 주님은 우리를 축복하려 고 기다리고 계신다. 하나님은 우리가 포기하지 않고 끝까 지 축복의 조건을 갖추도록 도우시고 기다리신다는 증거를 내 삶으로 보여 주신 것 같다.

하나님이 축복하겠다고 작정하셔도 우리는 우리가 해야 할 일을 성실하게 해야 한다. 땅에 발을 딛고 사는 존재로서 정직하게, 최선을 다해 일할 때 아버지의 축복을 감당할 수 있다. 그렇다고 주님이 하실 일을 내가 앞서 해서는 안 된다. 하나님 자리에 내가 앉아서도 안 된다. 그저 내가 감당해야 할 일을 다 하고 주님의 때와 속도, 방법, 능력을 믿으면 된다.

한 그릇 고난, 인내로 맺힌 본죽

함께 살다

쌀과 전복,
쌀과 야채,
쌀과 버섯.

우리는 함께 있을 때
더 돋보이고
서로를 격려하며
서로의 힘을 올려 주는 것들을 공부했습니다.
그런 오랜 간구와 바람이 모여
본죽이 탄생했습니다.

우리의 죽이 그렇듯
너와 나, 손님과 가게, 기업과 기업도 함께 있어야
돋보이고 잘된다는 것을 믿습니다.

늘 '함께 해 달라고 기도하는 것'
그것이 하나님이 주신 우리의 영업 비밀입니다.

그릇 크기대로

수익 구조가 약하던 본죽의 초창기부터 선한 부자가 되겠다는 소망을 실천했다. 가게의 길 건너편에서 노숙인들을 대상으로 한 점심 제공을 작게나마 시작했다. 배식하러 오신 부목사님과 여전도회 봉사자들에게 식사를 대접하고 죽을 싸 드리면서 '이 일을 더 잘하자. 빠짐없이 계속하자'고 다짐했다.

가까운 이웃인 노숙인 섬김이 본사랑의 출발이고, 봉사하러 오신 사역자 섬김이 본월드미션의 출발이 되었다고 볼 수 있다. 호떡 장사를 할 때, 요리학원에서 심부름을 할 때, 본죽 1호점에서의 힘든 시간들이 오늘이 있기까지 얼마나 필요한 퍼즐 조각들이었는지를 돌이켜볼 때마다 정말 감격스럽고 하나님께 감사를 드린다.

호떡 장사를 할 때는 음식으로 축복받을 것이라는 생각을 해 본 적이 없다. 학교 앞에서 시작했으니 아이들을 섬기는 마음으로 서울 시내에서 제일 큰 왕호떡을 구워 팔았다. 방과 후 배가 고플 아이들을 생각하는 마음이 음식 장사의 기본기였다. 퍼 주어도 망하지 않는다는 사실을 깨달으면서 2배로 주는 기쁨은 계속되었다.

호떡 포장마차 앞으로 줄을 길게 선 손님들로 보상받았고, 나중에는 본죽에까지 이어져 큰 그릇으로 가득 대접하게 되었다. 500원짜리 호떡이지만 우리는 주는 기쁨을 누리는 사람이 되어 가고 있었다. 작은 헤아림이 큰 기쁨으로 되돌아왔다.

나는 요리학원 보조 최 대리로 일하며 조리의 원리와 원칙을 배웠고, 요리사 옆에서 맛의 계량화와 통일성을 배웠다. 그때가 나도 모르는 사이에 본죽을 뭉근히 끓이는 시간이었으니, 그 시간을 건너뛰고는 본죽은 없었다. 낮에는 장사, 밤에는 시뮬레이션 훈련 또한 프랜차이즈 회사를 차리는 데 필요한 매뉴얼을 만드는 연구 수업이었다.

이 3가지 훈련에서 한 가지만 빼도 오늘의 본죽은 불가능했다. 내 생애에서 가장 어두웠던 시기가 축복을 준비한 찬란한 시기였다. 그동안 내게 성취된 4가지 대표적인 말씀이 있다.

첫째, "그러므로 내가 그리스도를 위하여 약한 것들과 능욕과 궁핍과 박해와 곤고를 기뻐하노니 이는 내가 약한 그 때에 강함이라"(고후 12:10).

약함이 곧 강함이다. 병들고 가난한 사람이 먹는 부정적인 이미지의 음식인 죽이 우리의 대표 브랜드가 되었다. 그리고 너무나 부족한 나를 하나님이 택하셔서 그룹 경영자로 세우셨다. 이미 서너 명이 망해 나간 최악의 자리에서 하나님은 역전을 일으키셨다. 화려한 스펙의 사람, 그럴듯한 장소가 아니라, 약하고 부족한 사물과 사람을 택해 강한 사람을 부끄럽게 하시는 역전과 역설의 하나님이 말씀을 성취해 주셨다.

둘째, "고난당한 것이 내게 유익이라 이로 말미암아 내가 주의 율례들을 배우게 되었나이다"(시 119:71).

고난이 내게 유익이다. 어떤 고난이든 내게 무가치하지 않았다. 단지 속이 쓰릴 뿐이지, 나쁜 수업은 없다. 고난은 내 인생에 더 값지게 작용했다. 고난이 축복으로 변하고, 나중에는 사명으로까지 연결되었음을 볼 수 있다. 그래서 나는 고난이 '가장된 축복'이라고 자신 있게 말한다.

인생은 어차피 형통과 곤고의 병행이다. 지금의 고난 자체가 하나님의 목적은 절대 아니다. 고난을 통해 좋으신 하나님이 이루시고자 하는 뜻이 있고, 고난도 아버지의 사랑 표현 중에 하나다.

우리는 눈앞에 닥친 고난이나 문제 그 자체에 함몰되지 말고 그 뒤에 있는 하나님의 사랑을 바라보아야 한다. 고난 중에도 사랑으로 역사하시고 우리를 유익하게 하시는 하나님을 절대 신뢰해야 한다. 크고 작은 고난이나 문제 앞에서 인생 전체를 비관해서는 안 된다. 내게 고난은 분명히 그러했다.

한 그릇 사명

셋째, "그 주인이 이르되 잘하였도다 착하고 충성된 종아 네가 적은 일에 충성하였으매 내가 많은 것을 네게 맡기리니 네 주인의 즐거움에 참여할지어다 하고"(마 25:21).

하나님은 큰 것을 단번에 허락하시지 않는다. 우리가 감당하지 못하기 때문이다. 호떡 장사, 하루 죽 9그릇 판매, 노숙인 섬김, 사역자 섬김에서 시작한 본죽은 글로벌 대표 한식 브랜드로 자리매김했고, 본사랑재단은 세계의 빈곤 아동을 돌보며 교회, 학교, 병원 설립을 지원하고 있다. 2013년에 세워진 본월드미션은 세계 2만 7,000여 명의 선교사들의 사역을 지원하고 섬기는 사업을 확장하고 있다.

주님은 우리에게 작은 일부터 맡기시고 난 후에 중요한 사업을 수행하게 하신다. 하나님은 그분의 약속을 내 삶을 통해 차근차근 나타내셨다. 따라서 나는 크신 주님의 계획을 믿고 몸으로 부딪치며 하나하나 체득했다.

넷째, "하나님께 가까이함이 내게 복이라 내가 주 여호와를 나의 피난처로 삼아 주의 모든 행적을 전파하리이다"(시 73:28).

우리 기업의 설립 이념인 "모든 것이 합력하여 선을 이룬다"라는 로마서 말씀이 성취되고 있다. 곤고했던 시간들이 합해져서 오늘까지 왔다. 생명을 살리고 복음을 전하고 하나님 나라를 확장해 가는 일, 그리고 하나님 사랑을 실천하고 이웃을 사랑하는 일이 최선의 선이라고 생각한다. 이 모든 일이 합해져 주님이 기뻐하시는 일에 쓰이고 있어서 또한 감사하다.

내가 여기까지 올 수 있었던 이유는 예수님을 만났기 때문이다. 새로운 피조물, 즉 새사람이 되었고, 주님을 의지한 덕분에 고난이 축복으로 바뀌었다. 고난이도의 훈련 과정을 거쳐서 축복의 단계에 이르렀다. 하나님은 축복에서 새로운 꿈, 즉 사명으로 이끄시고 선한 영향력을 끼치는 증인의 삶을 살 때까지 우리와 동행해 주신다.

주님의 복음의 능력과 복음의 축복이 나를 끌어왔다. 하나님은 성경 말씀으로 나를 온전하게 하셨고, 선을 이룰 능력을 갖추게 하셨다. 성령이 친히 내 안에서 말씀으로 나를 이끄시어 전 생애를 변화시키셨다.

신앙생활의 핵심은 하나님과의 친밀도에 있다고 믿는다. 하나님은 하나님과의 친밀한 관계, 즉 깊은 영적 소통과 예배, 그리고 주님을 사랑하는 마음과 열매 맺는 삶을 기뻐하신다. 나는 단지 하나님께 충성하고 순종하며 주님을 따르는 사람이다. 그래서 모든 것이 하나님의 작품이었다고 고백한다. 모든 일을 내가 아니라 오직 하나님이 하셨고 성령이 이끄셨다고 간증한다.

앞으로도 내 삶이 산 예배, 산 제사, 산 제물로 하나님께 드려지기를 원한다. 성령이 내 일거수일투족을 강권하셔서 선하고 복되게 사용되기를 날마다 기도한다. "내가 그리스도와 함께 십자가에 못 박혔나니 그런즉 이제는 내가 사는 것이 아니요 오직 내 안에 그리스도께서 사시는 것이라"(갈 2:20)라는 말씀이 나의 고백이 되기를 원한다.

나의 주인이신 주님께 나를 온전히 내어 드리고 날마다 이 말씀을 꼭 붙잡고 가련다. 모든 일은 주님이 하시기에 나는 그분을 믿고 따른다.

저 높은 산, 한식 세계화

본죽 1호점에서부터 간판과 메뉴판에 영어와 일어를 병기
했다. 당시는 해외에 진출하리라는 생각보다는 외국인도
우리 매장에서 식사할 것이라는 생각에서였다. 주위 사람
들이 꿈도 야무지다며 비웃어 댔고, 표기가 다소 틀리긴 했
지만, 나는 일일이 번역가들을 찾아다니며 영어와 일어로
된 메뉴를 부탁할 정도로 열성이었다. 그 열심이 '한식 세계
화'로까지 번져 나갈 줄은 그때는 몰랐다. 내 생각이라기보
다는 주님이 주신 비전이었구나 싶다.

  2005년쯤 국내 사세를 기반으로 미국과 일본에 매장 오
픈을 시작했다. LA의 다운타운인 윌셔가의 입지를 알아보

러 비행기를 타고 날아갔다. 미국 사업 비자인 E2비자를 내고, 사업자 등록을 하고, 해외 사업 지사를 세우고, 운전면허도 새로 취득하는 등 모양새를 갖춰서 출발을 했다.

한 달쯤 체류하면서 매장 오픈을 진두지휘했다. 멕시칸들을 고용해 주방 일을 가르쳤고, 여러 시장을 다니며 모든 재료를 현지화했으며, 책임자로 한인 매니저를 두었다. 우리나라와는 별천지처럼 다른 미국의 많은 상황을 직접 부딪치며 배우고 해결했다. 다행히 처음에는 교민 사회의 환영도 받고 언론에도 많이 소개되면서 장사가 매우 잘됐다. 그러다가 내가 상주할 수 없으니 매니저에게 맡기고 돌아왔다.

그런데 얼마 안 되어 급한 연락이 왔다. 위생 검사에서 주방의 가스 배기량이 기준치 이하라는 이유로 오픈 한 달 만에 문을 닫아야 했다. 다시 수리를 하고 재검사를 신청해 6개월 후에야 가게 문을 열 수 있었다. 이처럼 나는 미국에서 무지한 죄로 비싼 수업료를 치렀다.

아무래도 한국에서 책임자를 보내야겠다고 생각하던 차

에 시누이 부부가 가고 싶다고 자원해서 시어머니까지 함께 미국으로 보냈다. 시누이 부부는 LA 근교에 있는 주택을 빌려서 본격적으로 미국 매장을 맡았다.

'열심히 하고 있구나' 싶었는데 언어 장벽이 높고 문화 차이도 너무 커서 부부가 마음고생을 많이 했다. 시누이 남편이 건강 악화와 우울증으로 고생하자 시누이까지 전염되었다. 우리는 멀리 있다 보니 그 심각성을 잘 몰랐다. 돌아온 시누이 부부가 회복되던 차에 같은 날 사고로 떠났고, 남은 두 딸은 우리가 보듬어야 했다. 남편은 마음이 약한 동생을 무리하게 미국으로 보냈다는 자책감에 오랫동안 힘들어했고, 사람보다 더 중요한 것이 무엇이냐면서 허탈해했다. 어머님도 딸을 잃은 충격 때문인지 몇 년 후 돌아가셨다.

너무 큰 상실감에 휩쓸려 정신을 못 차릴 정도였지만, 일본 사업이 이미 시작된 시점이었기에 매장 오픈은 진행해야 했다. 직원들이 일본으로 가서 세팅 진행을 했고, 해외 매장 오픈은 자생력이 생기는 듯했다.

일본에서부터 무엇인가에 이끌리듯 중국으로까지 사업

을 펼치고 나선 사람은 나였다. 막연했지만 이 일이 선교와
도 연결되면 좋겠다는 생각이 자꾸 들었다. 쉽게 풀리진 않
았지만 하나님의 이끄심이 있는 것 같았다. "해외 사업을 왜
하려고 하세요?" 하고 말리듯 물어보는 사람들에게 나는 당
연하고도 자연스럽게 "나중에 선교하려고요"라고 대답하고
있었다.

일본 도쿄의 아카사카에 직영점을 내고 잘되었다가 3년
만에 건물 계약에 문제가 생겨 매장을 닫는 일이 생겼다. 중
국 북경에 들어간 국내 마트와 업무협약(MOU)을 맺고 우리
브랜드가 들어가려고 했는데, 마트가 철수하면서 맞물린
우리도 함께 철수하게 되었다. 어렵게 임원을 스카우트하
고 직원들도 많이 보냈는데 모든 일이 어그러졌다. 그런데
도 포기가 안 되었다. 한 박자 쉬어 가자며 잠시 보류했지만
꿈을 접지는 않았다.

성공보다 사명

이후 내가 본사 대표이사가 되면서 해외 사업을 재개했다.
중국을 전략국으로 선포하고 다시 시작해 보자고 직원들을
독려했다. 가까운 상해로 날아가서 1년 정도 중국 전역을
다니며 박람회에 참여하고 시장조사도 했다. 중국 지도를
펴 놓고 직원들과 함께 상권을 분석하고 기도했다.

중국의 대기업에서 파트너 제의가 온 적이 있다. 처음에
는 좋아했는데, 협의를 하는 중에 우리 기업의 핵심 가치인
선한 기업의 가치와 선교적 가치를 공유하기는 어렵겠다는
판단이 들었다. 그들의 제안을 거절하고, 힘들고 천천히 가
더라도 기업의 가치를 지키자는 선택을 했다.

그러나 사드(THAAD, 고고도 미사일방어체계)라는 국가 간 정치 문제에 경제까지 치명타를 입으면서 중국에서 완전히 철수하게 되었다. 임직원들과 나는 상처를 많이 입고 돌아왔다.

한국에 도착하자마자 금식기도를 드렸다.

"하나님, 중국으로 가라 하셔서 갔는데 이렇게 초라하게 돌아왔습니다. 직원들이 떠나는 이 상황에서 저는 어떻게 해야 될까요? 이제는 정말 해외 사업을 완전히 접어야 되는 것인가요? 하나님이 허락하시지 않으면 포기하겠습니다. 12년 동안 끌고 왔는데 주님이 아니라고 하시면 여기서 접겠습니다. 이제 본월드미션하우스와 본사랑재단만 하면서 조용하게 살겠습니다."

혼란뿐인 상황에서 새로운 답을 달라고 하나님께 간절히 매달렸다.

침묵하셨던 하나님은 마침내 내게 깨달음을 주셨다. 12년 동안 왜 헤맸을까?

첫째, 내가 하려고 해서다. 내 경험과 생각과 욕심이 앞서서 이렇게 되었다. 하나님께 전폭적으로 의지하지 않고 내

한 그릇 고난, 인내로 맺힌 본죽

가 너무 나선 결과였다. 본죽 때는 오직 하나님의 뜻대로만 하겠다고, 하나님이 도와주셔야만 된다고 매달리지 않았던가. 일이 이렇게 된 것은 내 태도가 달라졌기 때문이었다.

"할 수 있거든이 무슨 말이냐 믿는 자에게는 능히 하지 못할 일이 없느니라"(막 9:23). "내게 능력 주시는 자 안에서 내가 모든 것을 할 수 있느니라"(빌 4:13).

이 두 말씀을 내내 주문처럼 외우며 몸부림쳤던 때와는 180도 다른 자세였다. 한국에서의 성공 사례와 우리의 브랜드 파워를 업고 해외에 나갔으니 교만했다. 나의 나 된 것은 하나님의 은혜가 아니라, 내 실력과 경험이라고 크게 착각했던 것을 주님은 예리하게 지적하셨다.

둘째, 그 땅을 사랑하지 않았기 때문이었다. 그래서 하나님의 축복을 받지 못했다. 그것은 송곳으로 찌르듯 정확한 지적이었다. 미국, 일본, 중국, 말레이시아, 베트남을 다니면서 쓴잔을 거푸 마셨다. 어느 나라도 사랑하지 않았고, 단지 우리 브랜드를 가지고 그 나라에 돈을 벌기 위해 간 장사꾼의 모습이었다. 오직 브랜드를 론칭하고 매장을 더 많이 오픈하는 것, 한식의 세계화가 목적이었다. 그 나라를 이해하려는 노력이나 애정은커녕 관심조차 없었다.

하나하나 짚어 내시는 주님 앞에 나는 숨을 곳이 없었다. "중국은 너무 더럽다", "약속을 안 지킨다", "중국인들은 사기꾼들뿐이다"라고 하며 중국인을 헐뜯고 폄하하는 나쁜 시선을 가지고 있었다. 그 땅을 사랑하지 않고는 그들을 감동시킬 수 없다는 사실을 뒤늦게 깨닫고 회한과 회개의 눈물이 쏟아졌다.

셋째, 목표와 목적이 하나님께 있지 않았기 때문이었다. '나중에는 선교를 해야지'라고 계획했지만, 구체적이지 않았다. 그저 그럴듯한 매장을 해외에도 많이 내서 한국에서의 성공을 재확인하고 싶었다. 하나님의 뜻에 무엇이 합당한지를 깊이 고민하지 않았고, 하나님께 여쭈어보지도 않았다.

'어떻게 하면 해외 사업이 잘될까요?'가 아니라 '어떻게 하면 해외 사업이 선교의 목적을 이룰 수 있을까요?'라고 기도 제목을 바꾸었다. 주님이 나와 해외 사업을 붙잡고 계신다는 것을 확신했고, 좌충우돌하며 여기까지 와 준 것을 기뻐하신다는 마음을 주셨다. 안도했다. 지적과 해법을 아

한 그릇 고난, 인내로 맺힌 본죽

울러 주시니 다시금 선교 매장을 구체적으로 계획할 수 있게 되었다.

어차피 해외 사업은 힘들다. 따라서 작은 열매라도 맺히면 선교의 도구로 쓰고 싶다고 고백했었다. 그럴 바에는 그 비용을 들여 선교사님들의 매장으로 내 드리는 편이 더 빠르고 하나님의 뜻에도 합당하다는 생각이 들었다. 선교사님들의 삶터이자 일터 교회, 그리고 미션 센터라는 1석 3조의 역할을 잘해 낼 수 있으리라 여겨졌다.

하나님은 이처럼 사드 상황으로 힘들었던 마음을 역전시키시며 다른 방향을 제시해 주셨다. 하지만 직원들은 "대표님, 경영은 그렇게 하는 것이 아닙니다"라고 실망감을 표하며 떠나갔다. 다시 하나님께 기도했다.

"주님, 직원들도 다 떠나고, 돈도 떨어지고, 아무것도 없어요. 세계선교사대회에 가서 선교 매장을 낸다고 선포까지 했는데, 저 이제 어떻게 하면 좋을까요? 알려 주세요. 전부터 품고 있었는데, 이제부터는 선교사님들께 '지속 가능한 선교 매장'의 모델로 우리 브랜드를 론칭해 드리는 것은

한 그릇 사명

어떨까요?"

기드온의 300용사가 떠올랐다. 선교는 많은 돈이 아니라 소수 정예의 믿음으로 가는 것이다.

해외 사업은 12년 만에 비즈니스 매장의 거름을 먹고 선교 매장이라는 열매를 맺었다. 그 작지만 귀한 열매가 지금도 계속 열리고 있으니 정말 감사하다. 비즈니스 매장의 오픈보다 선교사님의 선교 매장 오픈이 백 번, 천 번, 만 번 더 기쁘다. 내 안에 '아, 이것이었구나!' 싶은 생각이 강하게 들었다. 이것 때문에 그 고생을 하며 여기까지 왔던 것이다. 하나님이 12년 동안 포기하지 않게 하신 것은 선교 매장, '본죽&도시락 카페'다.

성경에 오병이어의 기적을 이룬 소년의 도시락을 연상해 보라. 마치 '본죽&오병이어' 같아서 하나님이 선교를 위한 브랜드 네이밍으로 하사하신 것 같다. 이름에서도 하나님의 뜻이 드러나는 것 같아 또 하나의 평생 사명으로 품었다.

본죽&도시락 카페는 선교 매장으로, 미션 센터로, 일터 교회로 선교사님들의 비자와 생계 문제, 그리고 지역 일자리 문제, 공간 문제, 소통 문제까지 해결하고 있다.

　작은 미션 센터가 곳곳에 세워져서 하나님 나라의 확장에 도움이 되는 '점조직'으로 전 세계에 퍼져 나가기를 기도하고 있다. 복음의 통로로 하나님께 올려 드리는 선교 매장 사역의 기쁨을 새삼 누리고 있다.

청지기 레시피

'성경적 가치 경영'은 풀어 말하면 '청지기 경영' 또는 '청지기 사명'이라고 표현할 수 있다. 우주 만물의 주인은 창조주 하나님이시다. 피조물인 우리에게는 소유권이 아니라 임차 사용권이나 단기 관리자 사명이 있을 뿐이다. 이 세상에 잠시 머물다 가는 우리에게 내 것이라고 우길 만한 것이나 무엇에 집착할 권리는 없다.

주님은 우리가 하나님이 맡겨 주신 이 땅의 일들을 청지기 직업 정신을 발휘해 잘 감당하기를 기대하신다. 우리 기업은 본죽이라는 브랜드로 축복해 주셨으니, 이를 잘 관리하고 성장시키는 일이 청지기의 책무라고 생각한다.

한 그릇 고난, 인내로 맺힌 본죽

이 사명을 잘 이루어야 하는데, 사실 우리는 스스로 해 낼 능력이 없다. 주인이 청지기에게 가야 할 방향과 능력을 주셔야만 엉뚱한 길로 가지 않을 수 있다. 따라서 청지기는 항상 주인의 뜻을 구해야 한다. 주야로 말씀을 묵상하고 기도와 예배로 아버지와 친밀하게 교제해야 한다. 주님의 큰 뜻과 계획을 제대로 받아서 그대로 이루어 가는 것이 우리가 해야 하는 역할이다.

그 일을 잘하기 위해서 가장 중요한 것은 영성 관리다. 하나님과의 관계가 멀어지지 않도록 주님의 세미한 음성을 듣고자 집중해야 한다. 주님이 원하시는 일에 1점이라도 틀리지 않게 심부름을 잘하는 착하고 충성된 종이어야 한다. 하나님이 맡겨 주신 일을 잘 관리하고, 내게 맡겨 주신 사람들을 예수님이 보여 주신 방법대로 섬기고, 그들에게 나누고, 그들과 협력해야 한다. 내가 기도에 더욱 힘쓰고 주께 더 가까이 가려고 성경을 묵상하는 이유는 아버지께서 원하시는 일에 나도 집중하기 위해서다. 나는 주님의 청지기이기 때문이다.

한 그릇 사명

하나님이 우리에게 맡겨 주신 가맹점 사장님들과 직원들은 참으로 중요한 존재다. 하나님이 사업과 사람을 맡기실 때는 그들을 잘 섬기고 세워 주어 하나님의 일을 같이 이루어 가라는 뜻이 담겨 있다.

내가 받은 '종의 리더십 10계명' 중에 '일꾼을 세우고 동역하는 리더'가 있다(〈부록〉 참조). 연합해서 선을 이루어 가는 가치는 대단히 중요하다. 가까운 직원들의 자기계발을 돕고, 우리 기업의 가맹점 사장님이 되신 식구들과도 함께 가야 한다. 그분들은 전세금이나 퇴직금을 털어서, 또는 빚을 얻어서 본그룹과 파트너십을 맺은 분들이시다. 매장 운영으로 자녀들을 잘 양육하고, 행복한 노후를 준비하며, 지역 주민들도 섬기는 복된 가맹점 식구들이 될 수 있도록 돕는 것은 하나님이 내게 맡겨 주신 무겁고도 소중한 일이다.

따라서 이렇게 맺은 기업의 열매를 그늘진 이웃들과 함께하는 데 쓰고, 더 나아가 선교 후원이나 선교사님들을 섬기는 일에도 나누는 것이 하나님이 기대하시는 청지기적 사명이라고 생각한다. 물론 아무리 결과물을 좋게 사용한다 해도 그 과정이 하나님의 뜻에 맞지 않으면 옳지 않다.

한 그릇 고난, 인내로 맺힌 본죽

과정 또한 성경 말씀을 본받아 기업 경영의 원칙과 기준대로 실천하려고 노력해야 한다. 그 과정 모두가 성경적 가치 경영이라고 생각한다.

주님이 우리에게 주신 설립 이념은 "모든 것이 합력하여 선을 이룬다"는 말씀이다(롬 8:28). 사훈은 "하나님께 영광, 이 땅에 빛과 소금"으로, 우리 기업이 일하는 이유와 푯대가 된다. 하나님은 우리 기업이 하나님의 영광을 위해 세상에 빛과 소금이 되고, 믿지 않는 자들에게 롤모델이 되기를 기대하신다. 우리는 이 사실을 잊지 말고 새겨야 한다.

하나님은 우리에게 성경의 가치를 담은 핵심 가치 6가지도 주셨다. '경쟁'보다 '협력', '성공'보다 '사명', '개인'보다 '우리', '계약'보다 '약속', '이윤'보다 '가치', '빨리'보다 '멀리.' 이러한 6대 가치를 기업의 잣대로 삼고, 무엇을 선택할 때나 기업의 방향을 정할 때 가치의 우선순위를 따르고 있다.

또한 하나님은 3가지 경영 원리도 더해 주셨다.

첫째, 동심원의 원리다. "네 시작은 미약하였으나 네 나중은 심히 창대하리라"(욥 8:7)라는 말씀처럼 가까이에 있는 가족, 직원, 가맹점 식구들, 소비자, 나중에는 우리 국민, 이웃 나라, 전 세계로 섬김과 나눔이 확장되어야 한다. 사소하고 작은 일부터, 가까이에서부터 우리의 선한 시작이 차츰 창대해져야 한다. 우리는 개인과 기업의 사명에 동심원의 원리를 기억하고 적용하고 있다.

둘째, 선순환의 원리다. "주라 그리하면 너희에게 줄 것이니 곧 후히 되어 누르고 흔들어 넘치도록 하여 너희에게 안겨 주리라 너희가 헤아리는 그 헤아림으로 너희도 헤아림을 도로 받을 것이니라"(눅 6:38)라는 말씀처럼 내가 먼저 주면 받은 사람이 또 다른 이를 섬긴다. 섬기고, 나누고, 베푸는 일의 출발은 남이 아닌 나라는 사실을 알아야 한다.

성경의 황금률 또한 "무엇이든지 남에게 대접을 받고자 하는 대로 너희도 남을 대접하라 이것이 율법이요 선지자니라"(마 7:12)라고 가르친다. 내가 먼저 섬김으로 선순환의 고리를 시작해야 다음 매듭으로 이어질 수 있다. 한 번에 끝내는 반짝 섬김이 아니라 지속 가능한 선순환을 지향하는 것이 우리의 경영 철학이다.

셋째, 상생의 원리다. 나만 잘되는 것이 아니라 서로 잘되어야 한다. 서로 잘되도록 연합하고 협력해서 선을 이루는 구조를 지향한다. 하나님의 사람으로서 때로는 내가 손해를 조금 보고 더 양보해야 한다. 5리를 가자면 10리를 갈 수 있어야 하고, 하나를 달라면 둘을 줄 수 있어야 한다. 그런 정신이 있어야 상대방으로부터 신뢰를 얻고 함께 갈 수 있다. 그럴 때 그가 나를 통해서 하나님의 사랑을 느끼고, 그 또한 세상을 변화시키는 하나님의 사람이 될 수 있다.

서로 승리하는 상생의 원리, 나 혼자가 아니라 우리 모두가 잘되기를 지향하는 원리가 하나님의 가치다. 이 가치를 적용하는 경영 철학이 성경적 가치 경영이다. 이 가치의 근본은 하나님이 만물의 주인이시고, 우리를 관리자, 즉 청지기로 부르셨다는 믿음이다.

청지기 사명은 성경적 가치 경영과 같은 의미로 적용된다. 청지기는 무엇보다 본질을 잃지 않고 변질되지 말아야 한다. 일하다 보면 다 내가 잘했고, 내 뜻과 능력이 일을 이루었노라고 오판하는 경우가 많다. 교만과 오만이야말로 가장 큰 복병임을 자주 느낀다. 하나님 앞에 교만을 버리기 위해 날마다 자신을 쳐서 복종시키기를 원한다.

나는 진정 청지기 사명을 잘 이루어 "잘하였도다 착하고 충성된 종아 네가 적은 일에 충성하였으매 내가 많은 것을 네게 맡기리니 네 주인의 즐거움에 참여할지어다"(마 25:21)라는 말씀에 나오는 주님의 칭찬과 기쁨을 누려 보고 싶다. 남은 인생을 걸고 계속해서 많은 일을 이루어 낼 만큼 성장하고 선한 영향력을 끼치고 싶은 것이 나의 간절한 소원이다.

　　"그런즉 심는 이나 물 주는 이는 아무것도 아니로되 오직 자라게 하시는 이는 하나님뿐이니라"(고전 3:7).

절대 고독

긴긴 밤 그분 앞에 홀로 흘린 눈물
생명의 단물이 되고
칼바람 불던 허허벌판을 지나
오랜 가뭄에도 걱정 없는
시절마다 과실을 맺는 생명나무가 되리라

눈물 섞인 밥을 먹는 설움은
그분 앞에 가난한 무릎이 되고
다 잃고 겪은 조롱과 고통
비바람 환란이 몰아쳐도 끄떡없는
단단한 생명나무가 되리라

죽음의 사선을 넘나들던
그 절대 고독의 광야
오랜 견딤은 큰 나무를 만든다
고난의 열매는 생명나무라
살리는 열매 풍성한 나무로 서리라

◯ 한 그릇 섬김,

사랑을 흘려보내는 본사랑

한결같다

상황에 따라
음식의 맛이 달라지고
매장의 서비스가 변하면
그것은 배신이고 교만입니다.

한결같아야 하죠.
하지만 쉽진 않습니다.

나빠서가 아니라
세상의 일들이,
사람의 일들이
우리를 그렇게 만듭니다.

그래서
'처음 마음먹었던 그 다짐과 행동을
잊지 않게 해 달라고 기도하는 것'
그것이 하나님이 주신 우리의 영업 비밀입니다.

고단한 이웃 곁으로

고난을 통과하며 내가 만난 분들은 가난하고 병든 사람들이었다. 나는 선한 부자의 꿈을 감당하지 못했다는 죄책감이 커서 그분들께 떳떳하지 못했다. 하지만 거리에서 호떡장사를 하다가, 포장마차를 빼앗기며 일용할 양식을 걱정하다가, 병원을 들락거리며 환자들을 만나면서 그 꿈에 다시 불을 지필 수 있었다. 고난의 시기가 오히려 하나님의 뜻이 얼마나 깊은 자리인지를, 그때는 몰랐다.

하루는 인사동으로 직원들과 점심을 먹으러 가는 길이었다. 아직 추운 길바닥에 사람들이 누웠는데, 낯익은 분들이있었다. 인사동 골목에서 국화빵을 팔던 농아인들, 직원들

한 그릇 섬김, 사랑을 흘려보내는 본사랑

이 간식으로 자주 사 먹었던 붕어빵 장수들이 관광 서울과 도시 미관을 위해 내쫓기게 되었던 것이다. "철수 결사 반대"를 외치며 온몸으로 저항하는 그분들의 사연을 본 순간, 내 안에 안타까움과 싸한 마음이 일었다. 육신이 성한 나도 포장마차를 빼앗겨 앞이 막막해 본 적이 있다. 그래서 여기서 이러지 말고 구청에 가서 얘기하시라는 말을 툭 던지고 지나칠 수가 없었다. 그분들의 절박함과 간절함을 알 수 있을 것 같았다.

'하나님, 저 사람들 어떡하죠? 아, 저 가장들은요….'

그 처절한 광경이 잊히지 않고 내 마음에 콱 박혔다. 속으로는 이런 기도가 나왔다.

'예, 하나님, 알겠습니다. 제게 축복을 주신 이유, 포장마차를 뺏기고 병원에 다닌 이유를 잊지 않겠습니다.'

하나님은 내가 고단함을 겪은 이유를 깨닫게 하셨다. 그 안타까운 모습을 보여 주신 이유도 깨달았다. 같은 입장, 같은 처지가 오버랩되며 긍휼의 마음, 동병상련의 마음을 부어 주셨다. '노숙인들을 섬겼으니 이 정도면 됐다'가 아니라, '축복받은 자답게 살아가기를 원하는 내게 하나님이 더 바라고 기대하시는 삶은 무엇일까? 앞으로 어떻게 더 해야 할까?'를 고민하게 되었다.

한 그릇 섬김, 사랑을 흘려보내는 본사랑

상대의 필요를 채우는 일

한번은 대학로 매장의 실장님이 조심스럽게 말을 꺼내셨다.

"우리 교회 부목사님이 청량리 근처 지하에 교회를 개척하셨는데, 사장님이 한 번만 가 보시면 안 될까요? 많이 어려우신데요….."

그날 오후에 바로 가 봤다. 어둡고 습한 지하 계단을 내려가는데, 고기 볶는 냄새가 났다. 누가 온 지도 모르고 들통에다 고기를 열심히 볶고 계신 사모님께 먼저 인사를 드렸다. 영양실조에 걸린 쪽방촌 주민들이 있어서 돈은 없지만 일주일에 한 번은 값싼 고기라도 사서 잡수시게 내 드린다는 말씀에 감동이 되었다. 성도도 없고, 헌금도 없고, 임대료를 낼 돈도 없는 낮은 자리에서 부부가 목회를 시작하며 마음이 어떠했을까?

'아, 이곳에 예수님이 계시는구나.'

그분들의 등대교회를 조금씩 돕기 시작한 일이 지금까지 12년째 이어졌다. 동대문 쪽방촌 주민들에게 쌀과 김치 등의 식자재 지원도 하고, 직원들과 함께 '섬김의 날'을 정해 청소도 하고, 도배도 하고, 식사 대접도 하고 있다.

등대교회 김양옥 목사님과 심방을 가 보면 1-2평짜리 방에 하루 종일 누워만 계시는 분들이 많았다. 그분들 중에 몇몇은 고독사하신다는 안타까운 이야기도 들었다. 우리가 가면 반가워하며 잠깐 기다리라고 하시고는 이불 밑에 둔 동전을 가져가서 비타민 음료를 사 와 건네시는 분도 있었다. 감사히 받기는 했지만, 그 음료를 마시는 내내 잘 넘어가지는 않았다.

'인간적인 삶을 제대로 영위하시지 못하는 저분들을 어떻게 하면 밖으로 끌어내 빛을 보게 해 드릴 수 있을까?'

밥으로 채울 수 없는 영혼의 허기와 인간성 회복을 고민

한 그릇 섬김, 사랑을 흘려보내는 본사랑

하기 시작하다가 쪽방촌 문화교실을 열었다. 10여 명의 청중을 모아 놓고 유명 성악가의 재능 기부로 음악회를 열고, 시 낭송회도 하며 한 달에 1회씩 문화 섬김을 시도했다. 선물도 드리고 식사 대접도 하니 차츰 소문이 나서 주변 동네 사람들도 찾아오기 시작했다.

오지 않으면 찾아가면 되었다. 국악, 성악, 찬양, 연극 등 다양한 버전으로 프로그램을 준비해 벅찬 감동을 함께 나누었다. 지금까지 80회 가까이 찾아가는 문화교실을 나누는 동안 교회를 출석하는 성도들의 숫자가 늘어났고 살벌하던 분위기도 사뭇 달라졌다. 십일조를 드리시는 분, 임대주택으로 이사하신 분, 일자리를 찾으신 분들이 늘어나면서 이전보다 형편이 나아졌다. 술을 끊고 싸움도 줄어들면서 예배 분위기가 경건해졌고, 삶의 의욕이 회복되는 모습도 눈에 보였다. 그분들의 눈빛과 표정이 확연히 달라지자 우리도 보람을 느꼈다.

섬김의 방향과 내용은 대단히 중요하다. 그전에는 내가 주고 싶은 것을 주는 섬김이었다면, 크든 작든 상대방이 원하는 필요를 채워 주는 섬김으로 전환하게 된 계기가 있었다.

연말이었다. 목사님께 "성도님들께 무엇을 선물할까요?"
하고 여쭈어보았다. "무엇을 가져갈게요"라는 통보에서 "무
엇이 필요할까요?"로 질문이 바뀌었다. 그런데 돌아온 목사
님의 대답은 정말 의외의 물품이었다.

"부탄가스요!"

"네? 부탄가스요?"

알고 보니 기초생활수급비로는 월세와 전기세를 내기에
도 빠듯했다. 많은 분이 부탄가스가 없어서 라면을 드려도
끓여 먹으실 수가 없었다. 부탄가스가 있으면 가스버너로
밥도 해 먹고, 물도 데우고, 방도 따뜻하게 할 수 있었다.

부탄가스 사건을 겪은 후 그제야 내가 얼마나 부족했는
지 깨달았다. 쪽방촌 주민들이 다른 어떤 것보다 부탄가스
를 더 반기는 모습을 보면서 내가 주고 싶은 것보다 상대가
받고 싶은 것, 그들의 필요를 채우는 섬김이 제대로 된 섬김
이라는 사실을 뒤늦게 알았다. 무지했음을 인정한 후로는
"무엇이 필요하신가요?" 하고 일일이 묻는 습관이 생겼다.

섬김은 크고 놀라운 것이 아니다. 섬김을 받는 분들의 가렵고 아픈 곳, 아쉬운 곳, 누군가가 미처 살피지 못한 부분들을 그들과 소통하면서 채우고 함께하는 것이 가장 중요하다. 식자재를 드리고 생색을 내는 정도의 섬김이 아니라 목도리, 장갑, 모자, 점퍼, 담요 같은 사소하지만 확실한 온기가 필요했다.

한 그릇 사명

함께 꿈꾸는 내일

"너는 구제할 때에 오른손이 하는 것을 왼손이 모르게 하여 네 구제함을 은밀하게 하라 은밀한 중에 보시는 너의 아버지께서 갚으시리라"(마 6:3-4).

처음에는 성경의 가치대로 오른손이 하는 섬김을 왼손이 모르게 했다. 혼자서 남몰래 누군가를 도우면서 정말 즐거웠다. 대신에 누군가 어렵다는 소식을 들으면 하나님이 주신 기회라고 생각해 외면하지 않고 도우려고 애썼다. 매일 만나는 직원들을 섬기는 데서부터 시작했다. 특히 주방에서 일하는 분들은 생계를 책임진 가장이 많았기 때문이다. 이후 섬김의 대상이 차츰 교회 식구들로 퍼져 나갔다.

2007년 연초였다. 신문에 난 빌&멜린다 재단에 대한 기사를 읽게 되었다. 아프리카 에이즈 환자를 위한 백신 개발 지원 등 세계적인 섬김 재단을 세워 부부뿐만 아니라 워렌 버핏 같은 갑부들과 연합해서 사업을 벌이고 있었다. 저개발국가를 위한 평등한 기회 제공과 기부 캠페인에 힘쓰는 모습을 보고는 내가 섬기는 영역도 확장되게 해 달라는 기도 제목을 놓고 기도를 시작했다.

"하나님, 저 혼자 돕는 것보다 여럿이 함께 도우면 한 번에 더 많은 이웃을 도울 수 있어요. 저도 이런 재단을 세워서 꾸준히 도울 수 있게 지혜를 주세요."

남편과 의논했더니 흔쾌히 격려해 주었다.

"그래, 한번 해 봐. 당신은 원래 돕는 것을 좋아하는 사람이니까 법인체로 가면 이웃을 더 체계적으로 도울 수 있을 거야."

그러더니 곧장 휴대 전화를 열어 전화번호부에서 내 이름을 찾아 '멜린다 최'로 수정하며 확실한 동기부여를 해 주었다.

보건복지부에 필요한 자료를 넣고 NGO 재단 설립 신청을 했다. 어렵지 않을 줄 알았는데 3년 가까이 허가가 나지 않았다. '주님이 이 일을 허락하시지 않나?' 싶은 마음에 나 자신을 돌아보았다. '내 허영과 허세로, 잘하지도 못하면서 세상에 나를 드러내고 싶어서 시작하려는 것인가? 나는 가짜인가? 하나님께 아직 인정받지 못한 것일까?'라고 생각하며 마음을 접기로 했다.

'그렇다면 나 혼자서라도 잘해 보자!'

이렇게 마음먹을 즈음 전화가 한 통 걸려왔다. 그동안 진행해 온 나눔과 섬김에 대한 자료를 제출하라는 전화였다. 거절할까 하다가, 강 부사장님이 "단번에 고사하지 말고 몇 가지만 내 봅시다. 그래도 최선을 다해 봅시다" 하고 설득하시는 통에 서류를 내고 기다려 보았다.

'아, 내 욕심으로는 역시 안 되는구나. 다 내려놓으니까 하나님이 허락하시는구나.'

그 일로 나는 또 한 번 사람의 속도와 방법과는 너무나 다른 하나님의 은혜와 섭리를 깨달았다.

2009년 설립된 본사랑재단은 회원이 주인인 사단법인이다. 소비자와 120여 협력사, 가맹점, 직원들이 회원으로 모여 본사랑재단을 출범했다. 재단의 가장 큰 가치는 '협력해서 선을 이루는 것'이다. 이웃 사랑 실천 재단으로, 선한 마음을 가진 사람들이 남을 돕는 일에 참여할 수 있도록 동기를 부여하고 사업을 추진한다.

협력업체에서 보내는 명절 선물이나 후원 물품을 재단으로 보내 달라고 부탁한 후 받아서 필요한 곳에 공급하고 있다. 그룹 차원에서 행복 나눔 바자회를 열어 심장병 어린이를 돕고, 다문화가정, 새터민, 장애인, 독거노인, 한부모가정, 지역아동센터, 소아암 환우 쉼터 등 낮고 소외된 이웃들에게 쌀과 김치, 죽 등 식자재와 물질을 공급하며 섬기고 있다.

장애인 재능 장학금을 지원하다가 뇌성마비 장애인 축구 대회와 장애인 댄스 대회를 개최해 장애인들에게 동기를 부여하고 사회성을 회복할 수 있는 기회를 주는 일도 하고 있다. 이동용 승합차 한 대를 사서 기증하는 지원에서 시작되었는데, 지금은 본그룹 전체가 참여하는 정기 축제로 확대되어 더욱 감사하다. 본죽 가맹점주 모임인 본사모 사장님들과는 죽 차로 전국을 돌며 어르신들을 섬기고 있다.

"사랑은 내일을 꿈꾸게 한다"는 슬로건을 가지고 본사랑의 사명과 정체성을 이루고자 일하고 있다. 쌀과 콩을 주성분으로 한, 1년 유통기한의 분말 죽(본사랑죽)을 해외로 파견 나가는 의료봉사단에 보내고, 북한에도 공급하며 세계 빈곤 지역의 아동들을 먹이고 있다. 글로벌 NGO로서 하나님의 선한 그릇으로 두루 사용되기를 바라고 기대한다.

한 그릇 섬김, 사랑을 흘려보내는 본사랑

행복을 돕는 사람

본사랑재단을 이루고 성장해 가면서 하나님이 내게 공부할 기회를 더 주셨다. 국문학을 전공하고 시인으로 등단했지만, 하나님과 첫사랑의 뜨거움을 품은 믿음의 사람으로서 신학 공부에 대한 열망이 컸다. 신학이나 경영학을 공부할 기회가 오지 않을까 기대하던 나에게 주님은 사회복지학 석사 과정을 허락하셨다. 한 번도 생각해 보지 못했던 사회복지학 공부라니⋯. 재단을 세워 주었으니 잘 운영해 보라고 나를 준비시키시는 과정인가 싶어서 낮에는 경영, 밤에는 공부를 하게 되었다.

사회복지는 쉽게 말하면, 섬김이다. 넓게 생각하면, 하나님이 원하시는 일이 무엇인지를 깊이 알고 기대하는 바를 실천하는 것도 섬김이다. 하나님이 그렇게 살기를 소망하는 내가 섬김이가 되도록 갈수록 더 천천히, 깊이 이끄신다는 것을 느꼈다.

논문 주제를 선정하기 위해 직장 복지, 장애인 복지, 청소년 복지, 가정 복지 등 다양한 사회복지 분야를 오래 들여다보았다. 아무래도 기업인이기에 직장인 복지가 제일 와 닿는 분야였다. 개인적으로는 가정 복지도 중요해 보였다. 청소년들의 모든 문제는 흔들리는 가정에서 시작되니까 가정과 부부를 먼저 붙잡아 주어야 한다고 믿었다. 더불어서 고령화시대인 만큼 노인 복지에도 관심이 갔다.

이쪽저쪽 모든 부분에 관심이 가던 차에 신선한 충격을 받았다. 한 특별한 복지관이 눈에 들어왔던 것이다.

'어? 사회복지사를 돌보는 복지관이 있네?'

각자 맡은 분야에서 다양한 이웃들을 섬기느라 정작 사회복지사들은 소진된 경우가 정말 많았다. 박봉에 주말도 없이 희생만 요구당하니까 이직률도 높고 일찍 지친다는

한 그릇 섬김, 사랑을 흘려보내는 본사랑

현실을 간파한 어느 기업의 복지관에서 그 귀한 섬김을 맡았다. 사회복지사들의 애환과 곤고함을 위로하고, 그들의 마음속 이야기를 들어 주고, 용기를 북돋워 주는 일을 하는 복지관을 내 마음에 품게 되었다.

논문은 고소득층의 기부 행동 연구에 대해서 썼다. 그들의 기부 참여와 기부 규모의 영향 요인을 분석해 보며 부자들은 언제 나누고 기부하는 데 마음을 여는지를 관찰해 보았다. 정작 부자들은 섬기는 일에 나서지 않는 현실을 보니 안타까웠다.

나만 할 것이 아니라 여러 부자들과 연합해서 세상을 변화시키는 일을 하면 좋겠다는 마음으로 행동 요인을 연구했다. 이해관계가 달라 쉽지는 않겠지만, 그들의 참여를 끌어내 보고 싶다는 꿈이 생겼다. 빌 게이츠가 기부 운동을 일으키러 전 세계를 다니는 모습이 내 마음에 들어왔다.

'웬만해서는 지갑을 열지 않는 중국의 부자들을 어떻게 하면 움직일 수 있을까? 가진 자들이 이 땅의 절박한 이웃들을 위해 강요가 아니라 자발적이고 기쁜 마음으로 자신들의 풍요를 나눈다면 얼마나 좋을까?'

죽을 때 가져갈 수 없는 이 땅에서의 축복, 때로는 한순간에 날아가 버릴 수도 있는 물질을 생각하며 논문을 마쳤다.

'인간은 언제 행복할까? 힘겨운 이웃들에게 정작 필요한 것은 무엇일까? 소외된 이웃들을 어떻게 도울 수 있을까? 사각지대에 놓인 이들의 실태는 어떠하고, 그들을 어떻게 돕는 것이 인간다운 삶을 회복하게 하는 것일까? 하나님의 형상을 닮은 존귀한 사람들을 어떻게 돕고, 나누며, 함께 살아갈 것인가?'

다양한 시야와 생각들을 배우고 고민한 시간이었다.

사회복지 공부로 직간접적으로 인간에 대한 이해와 사랑, 경험치가 한층 더 깊어질 수 있었다. 사람들을 사랑하고, 그들이 행복하도록 도울 준비와 함께, 섬기는 자의 기본을 갖추는 시간이었다. 본사랑재단을 통해 좀 더 본질적이고 체계적으로 많은 사람에게 유익을 더해야겠다고 다짐하며, 진심을 다해 사람을 섬기고 행복을 도울 방법들을 연구했다.

하나님께는 우연이 없다. 하나님은 나에게 가장 적절한

때에 가장 좋은 공부를 시켜 주셨고, 자격도 부여해 주셨다. 내 인생을 향한 하나님의 깊은 뜻을 직접 겪어 본 시간이었다. 내 직분은 섬기는 직분이고, 하나님이 내게 물질과 능력의 축복을 주신 이유는 이웃을 더 많이, 더 잘 섬기라는 것임을 절실히 깨닫게 되었다.

하나님은 이웃 섬김에서 선교사와 사역자 섬김까지 세밀하게 이끄셨다. 이 이야기는 "한 그릇 충성, 복음을 확산하는 본월드미션"에서 나누겠다.

할 수 있는 일부터 천천히

사회복지 공부를 하지 않았다면 나는 기업인으로서 후원금으로 생색을 내면서 내 역할을 다했다고 생각했을 것이다. '사랑은 이해'라는 말처럼, 사람을 들여다보고 차츰 알게 되자 인간에 대한 이해와 사랑이 넓어졌다.

내게 정말 특별했던 실습 시간을 잊을 수 없다. 한 학기 동안 성북구에 있는 길음종합복지관에서 실습을 했다. 점심 식사를 대접하고 치매 노인들을 돌보는 데이케어센터의 프로그램을 진행하며 많은 것을 배웠다. 이동 목욕차를 끌고 가서 몸이 불편하신 독거노인들을 업고 나와 목욕 봉사도 했다.

그분들을 목욕시켜 드리면서 나는 인생을 보았다. 인간의 연약함과 한계, 쓸쓸함을 보았다. 고령화사회에서 혼자 사는 노인들의 애환과 절박함을 직접 목도했다. 마른 등에 물을 끼얹고 머리를 감겨 드리면서 주님의 마음을 어렴풋이 느꼈던 것 같다. 우리는 마치 무한히 살 것처럼 넘치는 욕심으로 살지만, 우리의 인생은 그리 길지 않다는 사실도 새삼 깨달았다. 더불어 내 인생의 주인이 내가 아니라는 것도 보았다. 그분들만큼 늙어 보지 않고도 많은 깨달음을 얻을 수 있었다. 그분들의 몸에서 어머니와 나의 미래가 보였다.

사회복지는 학문 이상의 의미가 있었다. 다양한 인생의 모습 위로 나를 투영해 보며 성숙해진 시간이었다. 단순한 복지 기술을 습득하는 차원을 넘어 유한한 인간을 똑바로 마주하게 된 유익한 인생 수업이었다.

하나님은 나누어 주고 베푸는 선한 부자가 되기 위한 자격을 사회복지학을 배우며 갖추게 하셨다. 소외된 이들을 만나게 하시고, 하나님의 형상을 닮은 존재를 애틋하고 간절한 마음으로 섬길 수 있도록 나 자신을 낮추셨다. 그들의 모습에서 나와 내 부모, 형제를 보게 하셨으며, 그들을 향해 긍휼과 사랑이 생겨나는 경험을 했다.

하지만 정작 장애인복지센터에 가서는 또 다른 나를 보게 되었다. 뇌성마비 장애인과 파트너가 되어 산책을 하고 식사를 돌보는 시간이 있었다. 내 파트너가 삼겹살 쌈밥을 싸서 주었는데, 그 쌈에 침이 뚝 떨어진 광경을 보고는 차마 받아서 먹지 못했다. 집으로 돌아온 그날 저녁, 나는 정말 중요한 사실을 깨달았다.

'나는 가짜야. 장애인과 아픈 이들에게 헌신할 마음이 사실은 없었어. 말만 돕고 싶다고 했지, 실제의 나는 아픔 (passion)을 함께(com) 아파할 줄 아는 긍휼(compassion)이 없는 사람이야. 다 허세이고 거짓말이었어.'

자괴감으로 힘든 마음을 어찌하지 못하고 있을 때 남편이 간단하게 정리해 주었다.

"당신이 다 하려고 하지 마. 우리는 기업인이니까 돈을 벌어서 긍휼과 사랑이 준비된 사람들을 지원하면 되지, 뭘 그렇게 걱정해!"

이 한마디가 섬김의 방향을 정하는 계기가 되었다. 장애인과 치매 노인을 만나 보면서 그들을 닦아 주고 먹이는 일들은 내게 맞지 않다는 사실을 알았다. 나는 비위도 약하고, 참을성도 없으며, 긍휼이 많은 사람도 아니라는 점을 확인하고는 이렇게 결심했다.

'그래, 나는 기업인이니까 사업을 잘해서 열매를 많이 맺자. 그 열매로 이웃과 준비된 기관들에게 흘려보내는 지원자, 지원 기업이 되어야겠다!'

그리고 지금까지 지원 재단으로서 이웃과 기관을 후원하고, 교회에서 이루어지는 섬김과 구제 사업과도 파트너십을 맺어 함께 진행하고 있다.

나는 시인이자 사회복지사 CEO로 일하고 있다. 정말 적절한 시기에 사회복지 공부를 한 것이 남은 인생을 살아가는 데 큰 방향이 되었다. 많이 배우고, 성장하고, 성숙한 시간이었다.

주님은 무엇 하나도 우연히, 갑자기, 계획 없이 일하시지 않는다. 정말 치밀하고 철저하게 꿈과 비전을 보시고 그분이 작정하신 대로 꼼꼼하게 나를 이끄신다. 내가 이해하지 못하는 순간에도 나를 더 잘 인도해 주시는 주님께 다시 한 번 깊이 감사를 드리고 영광을 올려 드린다.

한 그릇 섬김, 사랑을 흘려보내는 본사랑

아버지의 옥토

내 마음은 아버지의 밭
아버지의 옥토가 되어
좋은 알곡 심고
풍성한 열매를 거두고 싶다
오직 아버지의 수고로 만들어 낸 땅
아버지의 옥토가 되고 싶다

메마른 땅
거친 돌을 거둬내고
무엇을 심어도 결실 좋은 땅
옥토가 되고 싶다
오래 기다리신 아버지의 노고가 배인 땅
아버지의 옥토로 사용되고 싶다

한 그릇 충성,

복음을 확산하는 본월드미션

깨어 있다

언제 맹수가 덤벼들지,
언제 이웃 적이 들이닥칠지 모르던 때는
누군가가 깨어 있어야 했습니다.
가지고 있는 소중한 것을 지키기 위해서였죠.

깨어 있는 우리가 되고 싶습니다.
안주하고 만족하는 우리가 아니라
늘 깨어서
우리를 괴롭히는 것들과 맞서 싸우겠습니다.
그 싸움의 전리품이 바로
세상 무엇과도 바꿀 수 없는
여러분들의 건강이기 때문이죠.

'늘 깨어 있게 해 달라고 기도하는 것'
그것이 하나님이 주신 우리의 영업 비밀입니다.

하나님의 꿈, 선교

복음의 통로인 본월드미션은 선교사 돌봄과 지원을 위한 재단법인이다. 일개 평신도로서 선교사를 섬기는 재단을 세운다는 것은 한 번도 생각해 보지 않은 일인데, 하나님은 내게 과분한 직분을 맡기셨다.

원래는 문화 재단을 꿈꾸었다. "문화 재단 설립"이라는 문구를 써서 벽에 붙이고 바라보며 기도하면서, 문화로 이웃들을 섬기고 문화로 선교해 보겠다는 꿈을 어렴풋이 키우고 있었다. 하지만 주님은 역시 위대하시다. 문화 섬김이 포함된 본월드미션을 세우셨기 때문이다. 본웨이브공연팀, 본아트미션, 본미디어미션, 도서출판 본월드 형태로 문

한 그릇 충성, 복음을 확산하는 본월드미션

화와 영상 출판 코드를 가지고 그 꿈을 융합, 실현하는 중이
다. 내 작은 계획을 이끌어 더 크고 넘치게 실행하시는 하나
님을 경험하고 있다.

나는 "언제부터 선교에 관심을 가지게 되었습니까?"라는
질문을 많이 받는다. 사실 신앙생활을 하면서 하나님 나라
의 일꾼이 되고 싶다는 꿈은 있었지만 선교에 대한 그림은
없었다.

본죽이 성장할 무렵이었다. 어느 날 섬기고 있는 교회의
담임목사님이 대학로 매장으로 심방을 오셨다. 그런데 예
배를 드린 후 인도차이나 5개국에 신학교 설립 프로젝트를
진행하는데 나더러 함께하면 좋겠다고 말씀하셨다. 뜻밖의
제안을 받아서 놀라기도 하고 감사하기도 했지만, 내가 그
럴 만한 사람인가 싶어서 선뜻 대답을 못하고 기도해 보겠
다고 했다.

다음 날 새벽에 큰 십자가를 내 목에 거는 꿈을 꾸고는
'하나님의 명령이구나' 하고 확신했다. 이후 목사님께 신학
교 설립에 함께하겠다는 답변을 드렸다.

인도차이나 지역에 신학교를 설립하려는 목적은 감동적
이었다. 베트남은 공산권의 영향이 강해서 선교사님들의
입국과 활동에 제한이 많았다.

'이렇게 파송이 어려운 지역에서는 현지인들을 교육시켜
사역자로 세우고 그들을 통해 복음을 전하는 선교가 더 효
율적이지 않을까?'

당시로서는 선교에 문외한이었던 나에게도 그 이유는 타
당하고 필요해 보였다.

목사님은 베트남, 캄보디아, 라오스, 태국, 미얀마 5개
국 중 베트남에 먼저 신학교 설립을 진행한다고 하셨다. 교
회뿐만 아니라 목사님, 장로님 등이 포함된 이사진들이 마
음과 물질을 모아야 했다. 기도하면서 당시로서는 큰 돈인
1억을 헌금하고 싶다는 마음이 들었다. 그 정도는 드려야
신학교 설립이 가능했기 때문이다.

그런데 문제는 남편을 설득하는 일이었다. 그래서 나는
하나님께 기도하기 시작했다.

"주님, 신학교 설립에 1억을 기부하고 싶어요. 하나님 나

라의 사업에 참여하고 싶으니 남편도 함께할 수 있도록 도와주세요."

이 기도는 응답을 받았다. 당시는 연세대학교 후문 근처에 살고 있을 때라서 남편에게 이렇게 말하며 설득했다.

"언더우드 선교사가 조선에 와서 고아원과 학교를 세운 시작이 연세대학교로 커져서 후학들을 길러 내고 있어요. 우리도 선교사들에게 빚진 자로서 어려운 나라들을 도와야 할 때가 되지 않았나 싶어요. 마땅히 그래야 하고요. 하나님이 우리를 이렇게 축복해 주셨으니까 언더우드의 정신을 본받아서 우리도 그 일에 동참했으면 좋겠어요."

언더우드 선교사와 연세대학교를 계속해서 들이대면서 "그 일에 함께하면 우리 아이들에게도 복된 일이 될 거예요. 하나님이 우리를 더 축복해 주실 거예요"라고 설득했더니 남편도 동의했다. 베트남 신학교를 세우는 일에 부부가 함께하니 뿌듯하고 감사했다. 하나님이 베푸신 큰 은혜에 대해 작은 되갚음을 한 듯 마음이 벅찼다.

그 후 후원자와 신학생들을 일대일로 결연을 맺어 주어 한 달에 학생들 몇 명을 꾸준히 후원하고 있다. 이 일이 선

한 그릇 사명

교에 동참하는 작은 출발이 되었다. 교회에서 파송한 선교사들을 지원하는 일에도 참여하면서 선교라는 신세계에 눈을 뜨고 발을 들여놓았다.

선교의 또 다른 이름

선교에 관심을 두게 된 또 한 번의 계기는 본월드미션 설립 후 첫 프로젝트로 아프가니스탄 전쟁고아 돕기 사진전을 후원할 때 맞이했다. 세종문화회관의 전시 공간을 빌리고 주요 일간지에 광고도 실었다.

사진전을 제안하신 선교사님 두 분이 전쟁고아 소녀와 함께 오셨다. 우리는 사진전을 열고 모금만 해 드리면 되는 줄 알았다. 그런데 사정을 들어 보니 비행기 삯만 들고 오신 형편이라 머무실 곳이 없었다. 마침 친정어머니가 오빠 집에 가 계셔서 잠깐 비어 있는 집으로 그분들을 모셨다.

선교사님들 중에서 한 분은 허리 디스크가 심해 거의 기다시피 오셨다. 침대 방에서 물리치료를 받고 아래층 본죽에서 식사를 하실 수 있도록 조치해 드렸으며, 적은 돈을 용돈으로 쓰시라고 드렸더니 내게 (엘리야 선지자에게 떡과 물을 먹인) '까마귀'라는 별명을 지어 주셨다.

당시 선교사님들과 교제하면서 선교사들의 적나라한 상황을 듣게 되었다. 많은 분이 치료를 제대로 받지 못해 몸이 한두 군데 고장 난 것은 기본이고, 자녀들의 교육과 안전 문제로 많이 힘들어하셨다. 잠깐 귀국해도 한국에 머무실 집이 없었다.

사진전은 전시를 보러 온 관람객은 좀 있었지만 기금 모금 목표액의 10분의 1도 채워지지 않았다. 생각했던 것보다 더 사람들이 선교에 관심이 없다는 사실을 깨달았다.

선교사님들은 재단에서 추가로 후원한 모금액을 가지고 선교지로 돌아가셨다. 아직 치료해야 하는데도 불구하고 성치 않은 몸으로 절뚝거리며 돌아가시는 선교사님의 뒷모습을 한참 바라보면서 '아, 저것이 사명인가?' 하는 생각에 마음이 저려 왔다. 그 모습이 마음에 박힌 이후 선교 현지에서 일어나고 있는 여러 어려움을 계속해서 듣게 되었다. 거룩한 부담은 자꾸 늘어만 갔고, 나는 정말로 무엇인가를 해야 했다.

친구 집이나 찜질방을 전전하시던 독신 여성 선교사님을 모시면서 연세대학교 앞에 오피스텔 6칸, 화곡동에 20칸짜리 게스트하우스를 마련하고 본월드미션센터까지 세우게 되었다. 이 과정들을 어떻게 우연이라고 말할 수 있겠는가? 주님은 내게 자꾸만 거룩한 부담을 지우시며 놀라운 사명을 이루도록 내 몸과 마음을 이끄셨다.

한번은 지구촌교회에서 개최한 필그림하우스 행사에 좀 일찍 도착해서 기도하는데, 하나님이 갑자기 내 마음속에 선교사님들을 계속해서 떠올려 주셨다. 선교사님 부부와 자녀들의 애통하는 마음과 고통의 자리가 이미지로 보이고 가슴 깊이 느껴졌다. 주체할 수 없이 콧물, 눈물이 흘러 낯선 곳에서 한참을 펑펑 울었다.

"가정이 있는 선교사들이 울고 있다. 그들을 도우라"라는 너무도 분명한 음성이 느껴졌다. "네, 아버지, 알겠습니다.

제 힘으로는 할 수 없지만 하나님이 제게 지혜와 능력을 주시고 친히 사용해 주시면 선교사님들을 사랑하고, 섬기고, 함께하겠습니다"라고 고백했다. 나는 그 자리에서 선교사 섬김이로 기름 부으심을 받았다.

그럼에도 화곡동 게스트하우스를 마련하는 과정은 전쟁을 치르는 것 같았다. 본월드미션 선교 재단을 세우는 일 또한 수차례의 격전을 치르며 지금까지 왔고, 여전히 게릴라전을 불시에 치르는 중이다.

하나님은 내게 '연합'과 '연결'이라는 두 단어를 떠올려 주셨다. 본미션센터의 지하 채플실에서 기도하며 하나님께 나를 어떻게 쓰기 원하시는지를 여쭈었다. "나의 친구인 선교사들이 첫사랑과 꿈을 회복하는 데 센터를 사용하고 통치하겠다"는 하나님의 마음을 주셨다.

나는 그저 연합을 위한 심부름꾼이고, 연결을 위한 통로일 뿐이다. 나 스스로는 아무것도 온전히 이룰 수 없다. 오직 주님께 붙어 있어야만 모든 것이 가능하다. 나를 죽이고 오직 주님만이 내 안에서 주인 되실 때, 주님의 능력이 넘쳐 흘러나온다. 나는 선교사님들을 섬기는 직분을 센터 설립

으로 감당하고, 청지기와 섬김이로 쓰임 받는 기쁨을 누리
고 있다. 그 기쁨으로 족하다.

언더우드를 보내신 것처럼

연세대학교 대학원을 다닐 때 본관 앞에 서 있는 언더우드 선교사님의 동상을 지나 강의실로 올라가곤 했다. 동상 앞을 지날 때면 자주 발걸음이 멈추었다. 이상하게도 자꾸 죄송한 마음이 들어서 한동안 서서 기도하다 가곤 했다.

1900-1950년대까지 하나님이 한국에 3,000여 명의 선교사들을 보내 주심으로 우리나라를 세우셨다는 목사님의 설교 내용이 떠올랐다. 이는 전 세계에서 찾아볼 수 없는, 전무후무한 선교 역사라고 말씀하셨다. 그 많은 선교사님 중에서 언더우드 선교사님은 내게 강력한 선교의 동기가 되어 주신 분이다.

한 그릇 충성, 복음을 확산하는 본월드미션

언더우드 선교사님의 동상을 지날 때면 '선교사님들의 헌신과 희생으로 우리나라가 이만큼 발전했는데, 우리는 주님의 은혜와 사랑을 저버리고 너무 교만해지지 않았나?' 하며 뜨끔거렸다. 채플이 낮잠 자는 시간으로 변하고, 하나님이 세우신 대학에서조차 기독교 정신이 희미해져 가는 모습을 보면서 마음이 무척 아팠다.

행정대학원의 신우회(하연회) 회장을 하고 있을 때였다. 차츰 모임이 뜸해지면서 기독교 학교로서도, 기독교 기업으로서도 사명감이 너무 적어 하나님께 죄송한 마음이 들었다. 하나님과 선교사님들의 헌신 앞에 너무 부족하고 늘 빚진 이 마음을 어떻게 해야 하나 고민했다.

그러다가 연세대학교 조찬기도회 때 대표기도를 맡았다. 기도문을 쓰려고 새벽에 앉았는데, 주님이 계속해서 언더우드 선교사님의 기도문을 떠올려 주셨다.

"아버지, 이 기도회는 대선배님들이 오시는 조찬기도회인데, 감히 까마득한 후배가 언더우드의 기도문을 어떻게 읽을 수 있겠어요?"

이렇게 기도하며 자꾸만 밀치는데도 방법이 없었다. 결국 기도의 앞뒤에 내 기도문을 조금 넣고, 가운데는 언더우드의 기도문을 넣어 기도를 드렸다.

그런데 놀랍게도 작은 순종이 다음 고리로 이어졌다. 연대발전기부금을 냈는데, 그 기부금이 저개발국가의 장학생을 공부시켜 언더우드로 재파송하는 데 시드머니(seed money, 종잣돈)가 된다고 들었다. 언더우드 고리는 결코 우연 같지 않았다. 내가 직접 나서지 않고도 열매를 누리는 것 같은 기쁨이 쏠쏠했다.

우리 기업이 잘될수록 힘겨운 나라와 주님이 사랑하시는 형제자매들을 보살펴야 한다는 의무를 자각하게 되었다. 특히 먼 곳에 살고 있는 형제자매들에게 헌신하고 계시는 선교사님들을 향한 지원은 내 마음에 거룩한 부담으로 자리해 새벽마다 빠지지 않는 기도 제목이다.

한 그릇 충성, 복음을 확산하는 본월드미션

주님의 아이들

"이 땅에 굶는 아이들이 없게 하라. 내 희망은 아이들이다."

기도 중에 주신 주님의 말씀은 내 몸과 마음을 바쁘게 한다. 세 딸의 엄마인 내게 엄마 없는 아이, 굶는 아이만큼 세상에서 안타깝고 불쌍한 아이는 없어 보인다. 하나님은 이땅을 지구인이 먹고도 남을 만큼 충분한 먹을거리가 생산되는 기름진 땅으로 축복해 주셨지만, 여전히 세계 인구의 11%는 절대 빈곤에 시달리고 있다. 내 입에 따뜻한 밥 한숟가락 들어갈 때마다 하나님의 아이들(King's kids)인 그들을 떠올리고 교회와 학교, 병원을 짓는 일을 충실히 지원할 능력과 기회를 달라고 간구하고 있다.

한 그릇 사명

본사랑의 주요 사업으로는 국내외 영양 급식 사업, 소아암 환우 지원, 쪽방촌 문화교실, 풍수해 지역 긴급 지원, 세계 아동 꿈드림사업(본아이에프 임직원들과 네팔, 필리핀 아동을 일대일로 결연해 후원하고 있다), 콩고 보건소 건축과 우물 개발 등이 있다. 축복을 나누고 우리의 형제자매들을 섬기는 사랑의 재단이라는 자부심과 당위성으로 움직이고 있다.

연결의 기회를 주셔서 베트남의 의료 선교사님과 함께 본체리티 운영을, 실로암 안과 목사님과 함께 필리핀 존스턴병원 내에 안과를 세팅하는 데 장비를 사 드리는 일을 도왔다. 특히 방글라데시에는 다카 등 미션스쿨 10개 학교가 있는데, 아슐리아학교와 암바고아원은 우리가 직접 설립해 확장하고 있다. 학교와 빵 공장을 지어 1,800여 아이들을 키우고, 가르치고, 변화시키는 일은 마땅하고 자랑스러운 사명이다. 세계 곳곳의 선교사님들과 파트너십을 맺고 아이들의 영성, 인성, 지성을 살리는 일을 돕고 있다.

인도 뉴델리(본아샤센터), 케냐 나이로비와 리무르, 필리핀 민다나오(스마일센터), 베트남 호치민(럼선학교), 네팔 썩띠콜(썩띠콜센터), 스리랑카 콜롬보(bonlove school), 터키 이스탄불(bon디

모데센터), 볼리비아 라파스(잉카선교회) 등 9개국 10개 도시의 2,400여 아이들을 본사랑재단과 본미션에서 키우고 있다.

유럽에 강의를 갔다가 베트남 아이들을 위해 성경 동화를 번역하시는 이상훈 선교사님을 만났다. 그분의 사역인 《원더풀 스토리》번역이 얼마나 귀한 생명의 양식 나누기인지를 알고는 번역 지원을 해 드렸다. 그러자 얼마 후 선교사님이 영어 버전과 CD를 본월드미션에 보내 주셔서 협력사와 함께 책과 CD를 인쇄하게 되었다. 성경을 나누어 주고 읽히는 일을 함께 하면서 교육 선교에도 동참하게 되었으니 정말 큰 보람을 느꼈다.

하나님이 우리를 연결시켜 하나님의 선교에 하나하나 참여시키시고, 주님이 친히 이끄셔서 우리가 쓰임 받는 기쁨을 계속해서 누리게 하시니 감사하고 감사하다.

한 그릇 사명

그들의 발을 씻어 주어라

본월드미션의 주요 사명은 선교사님들을 위한 숙소 섬김이다. 연세대학교 앞 6칸, 화곡동 20칸, 본미션센터 10칸, 제기동 장기 숙소 등 30여 칸의 선교사 숙소를 제공하고 있는데, 너무 좁고 열악해서 늘 죄송하기만 하다. "지내시기에 춥지 않으신가요? 너무 좁지 않으신가요?" 하고 여쭈어보면 선교사님들은 작은 방에도 무척 고마워하신다.

선교사님들이 게스트하우스(training space)에 묵으실 때는 쌀 1포, 라면과 생수, 다리미와 드라이어 같은 생필품 몇 가지를 놓아 드리고 본죽 식사권을 드린다. 항상 내어 주고 베푸는 섬김이로만 살아오셨던 분들이라 작은 것에도 크게 감동하신다. 그 모습을 보면 도리어 마음이 짠하다.

하나님은 '어떻게 하면 선교사님들이 고국에 오신 짧은 시간 동안 지친 심신을 회복한 후 선교지로 향하시게 할 수 있을까?'를 고민하게 하셨다. 그래서 2박 3일이라는 짧은 기간 동안 참여할 수 있는 선교사 섬김 프로그램으로 '로뎀 나무 캠프'를 실시하게 되었다. 캠프라고는 하지만 사실은 아무 일도 하지 않는 무위도식(?) 캠프다.

보통 선교사대회에 참여해 보면 설교, 간증, 세미나 등 하루 종일 프로그램들로 꽉 차 있다. 영적 충전을 위해서는 물론 필요한 시간이지만 우리는 좀 다른 색깔로 차별화했다. 캠프 첫날에는 마음 열기, 둘째 날에는 마음 비우기, 셋째 날에는 마음 채우기를 해 본다.

구체적으로, 첫날에는 맛있는 음식을 먹고, 한강 유람선을 타고, 찜질방에 가고, 연극이나 뮤지컬을 보면서 무거운 심신을 내려놓으시도록 도와준다. 오리엔테이션을 겸해 본 미션의 선교사 섬김과 설립 목적에 대한 간증도 한다. 20명 안팎의 소규모 모임으로, 각국에서 오신 선교사님들이 서로 친교를 나누는 시간을 갖는다.

둘째 날에는 그저 선교사님들의 이야기를 듣는 날로 보낸다. 중간에 찬양을 하고, 축복 기도를 드리고, 위로하는 기도를 나누기도 한다. 이야기보따리를 풀고 속내와 사연을 쏟아내며 울고 웃는 시간을 가진다. 동병상련의 공감대를 통해 조용한 치유와 소생이 일어나는 모습을 보며 하나님께 감사드린다. 저녁에는 콘서트를 열고, 장기자랑을 하며 즐거운 시간을 갖는다.

셋째 날에는 양화진에 있는 선교사 묘지에 참배를 간다. 선교사님들의 활동 영상을 보고 묘역을 돌아보며 침묵 기도를 드리고 돌아와서 예배로 마친다. 고요하고 숙연한 양화진에서 선교사님들이 하나님의 세미한 음성을 듣고, 기름 부으심과 위로를 받으며, 사명을 다시 일깨우시는 순간을 옆에서 종종 지켜보게 된다.

간혹 제자들의 발을 닦아 주신 예수님을 본받아 선교사님들의 발을 씻어 드리는 세족식을 하고, 다른 프로그램을 추가하기도 한다. 성령이 이끄시는 시간 속에서 상처를 다독이는 치유와 회복, 마음의 부흥이 일어나는 움직임을 생생히 느낀다. 프로그램을 진행하는 우리까지도 정말 감동

받는 시간이다.

센터에서 분기별로 열린 로뎀나무 캠프는, 현재 매주 수요일에 드리는 어노인팅&선교 동행 예배로 확장되었다. 주님은 더 많은 선교사님들이 참여하고 정기적으로 모일 수 있도록 로뎀나무 캠프를 예배로 이끌어 주셨다. 본월드 게스트하우스에 머무시는 선교사님들을 비롯해 국내에 계시는 선교사님들과 함께하는 열린 예배로, 모든 예배의 순서는 선교사님들이 주도하신다. 영육이 지친 선교사님들이 뜨겁게 찬양하고, 간절히 부르짖으며, 함께 예배하는 가운데 성령의 기름 부으심과 위로를 받으신다. 예배 후에는 맛있는 식사를 하며 교제의 시간을 갖는다.

몇 분의 선교사님으로 시작되었는데, 지금은 백 명이 넘게 참석하기도 하는 예배가 되었다. 교파와 교단을 초월해 선교사님들이 마음껏 예배하고 교제할 수 있는 힐링의 시간이 되고 있다.

1년에 2회, 여름과 겨울에는 1박 2일 다니엘 캠프를 열어 50명의 선교사 자녀들에게 MK(Missionary Kids, 선교사 자녀) 다니엘 장학금을 수여한다. 역시 맛있는 음식을 먹고 즐기는 소위 '먹방' 힐링 캠프로, 선교사 자녀들끼리 친교를 나누는 시간을 갖고 콘서트도 연다. 선교사 자녀들을 대상으로 부모님에 대한 자부심과 자기자존감을 고취시키는 일만 하는 최소한의 프로그램인데, 호응이 매우 좋다.

갈멜산에서 바알의 제사장들과 450대 1로 대적해 승리한 엘리야 선지자는 이후 생명의 위협을 느끼고는 도망쳐 로뎀나무 밑에 누웠다. 그는 두려움에 죽기를 간구했다.

"여호와여 넉넉하오니 지금 내 생명을 거두시옵소서"(왕상 19:4)

탈진한 엘리야를 불쌍히 여기신 하나님은 아침저녁으로 까마귀를 통해 떡을 주고 물을 먹이며 그의 일상이 회복되도록 도우셨다. 우리는 여기저기서 상처받고 고단하신 선교사님들에게 엘리야의 까마귀가 되고 싶다. 밥 먹고 속 이야기를 나누며 다시 살아나시고 비전을 바라보시도록 돕는 역할을 하고 싶다.

선교사 자녀들을 향해서도 마찬가지다. 선교지에서 경제적으로 힘들어 본 많은 사춘기 아이들은 어서 커서 돈을 벌고 싶다고 말한다. 나는 그 심정을 충분히 이해한다. 따라서 그들의 마음을 알아주고, 그들이 하나님 앞에 오롯이 설 수 있도록 동기를 부여하고 희망을 나누고자 한다. 나는 이러한 캠프의 목적을 이룰 수 있도록 성령이 친히 인도하시고 함께하심을 많이 느낀다. 캠프를 함께 하면서 우리 또한 힘과 영감, 위로를 얻으니, 성령의 동력으로 돌아가는 특별 사역임이 틀림없다.

때로는 찾아가는 캠프도 연다. 세계선교사대회를 할 때는 본웨이브가 찾아가 찬양(CCM) 공연을 했다. 나는 주로 간증과 물질 후원 등을 맡는다. 선교사님들의 회복과 치유, 부흥이 일어나고, 첫사랑과 꿈이 회복되는 순간을 무엇보다 중요하게 여기기 때문이다. 이 일은 주님이 친히 하시기에 우리는 그저 그분의 도구이자 섬김으로 거들고 있을 뿐이다. 그분의 이끄심을 따라 순종하고 충성하는 것이 우리의 일이다. 노력과 기대 이상으로 보람 있고 기쁜 사역이다.

한 그릇 사명

본죽&오병이어

본월드미션이 가장 심혈을 기울이고, 앞으로도 최선을 다해야 하는 선교 사역은 비즈니스 선교다.

선교사들은 입국 비자나 비자 연장 문제로 마음을 졸이기도 하고, 사역지에서 일시에 추방되는 수난도 겪는다. 한국 교회의 살림살이가 한곳으로 쏠리거나 팍팍해지면서 해외 선교 후원금이 줄어들거나 끊기는 일도 다반사다. 현지에서의 생계나 지속 가능한 사역이 어려워지고 선교 패러다임이 바뀌는 현시점에서 자비량 선교는 어쩔 수 없이 현실화되고 있다.

해외 사업 시도 12년 만에야 하나님이 비즈니스 선교로 방향을 틀어 주셔서 '본죽&도시락 카페'라는 선교 매장이 열리며 소망했던 해외 사업의 열매가 맺히고 있다. 우리의 준비된 브랜드가 선교 사역에 얹혀서 먼 나라까지 진출하고 있으니, 그 감격은 이루 말할 수 없다.

하나님이 우리에게 허락하신 모든 것이 값지게 쓰이는 일은 바로 생명을 살리는 일, 즉 전도와 선교다. 하나님이 우리 기업에 축복을 주신 모든 요소가 융합적으로 쓰이는 분야가 비즈니스 선교라서 감사하다. 우리의 핵심 역량인 프랜차이즈 시스템과 브랜드, 노하우, 물질과 사랑까지 총동원되어 선교 사역지의 비즈니스 선교 모델로 선교 매장이 열리고 있다. 누구나 들르는 식당이니 예배 장소, 일자리, 생계, 비자 등 현실적인 문제가 한 번에 해결되고, 매장을 기반으로 지속 가능한 선교 사역을 진행할 수 있다.

낯선 지역 주민들과 연합하고 소통할 거리가 있어야 하는데, 선교 매장이 바로 선교 캠프 장소가 될 수 있다. 일자리와 예배당, 소모임 장소, 공연장 등으로 활용 가능하다. 사람들이 계속 매장을 드나들 테니, 그들을 음식으로 섬기거나 문서로 선교하면서 사람 낚는 어부로 일하면 된다.

물론 비즈니스 선교에 달란트가 없는 분들은 훈련이 필요하다. 돈을 만지는 일이니 어려울 수 있지만, 맘몬 신에게 당당하게 도전장을 내고 승리하기를 기원한다. 선교사님들도 돈에 휘둘리기보다는 돈을 다스리고 정복해서 잘 도구화하면 좋겠다는 바람이다.

선교 매장 안팎에 대형 모니터를 설치해 불특정 다수가 볼 수 있도록 선교 방송을 내보낼 수도 있다. 물론 무슬림 지역에서는 어렵겠지만, 일자리를 제공해 준 직원들을 제자 삼고 오는 손님들에게 미디어 선교로 접근하는 것은 매우 효과적인 전도 방법이 될 수 있다. 지역 주민을 위한 프로그램, 즉 요리교실, 한글교실, 영어교실 등을 진행하면서 지역의 선교 센터로 활용하는 것도 좋은 선교 모델이 되겠다.

우리는 전 세계 곳곳에 선교 매장을 내서 '선교 프랜차이즈의 점조직'이 되는 그날이 속히 오도록 직원들과 함께 뛰고 있다. 하나님 나라가 확장될 수 있도록 우리에게 허락된 모든 것이 적절하고 고르게 잘 사용되기를 원한다.

한 그릇 충성, 복음을 확산하는 본월드미션

선교 매장 1호 우크라이나를 시작으로 태국, 필리핀, 몽골, 캄보디아, 베트남, 인도, 브라질, 루마니아까지 매장이 계속 열리고 있으니 얼마나 감사한지 모른다. 2016년 LA의 아주사퍼시픽대학교에서 열린 한인세계선교사대회 때 주강사로 초대된 나는 선교 전환과 더불어 선교 매장을 강조했고 상당한 호응을 얻었다.

선교 매장이 열리면 주변 선교사님들이 찾아와 격려하고, 정보를 나누며, 비전을 새롭게 하는 계기가 될 수도 있다. 오픈식 때 선교사님과 지역 주민을 모시면 작은 선교 대회를 연 듯 뿌듯하다. 하나님이 기뻐하신다는 느낌도 든다. 작지만 필요한 곳에 선교 도구로 쓰였다는 기쁨에 가슴이 두근거려 잠 못 이룰 때도 있다.

앞으로도 더 많은 선교 매장이 열려서 본죽&도시락이 '본죽&오병이어'가 되기를 기도한다. 이름처럼 시작은 소년의 도시락처럼 미약하지만, 오병이어로 5,000명을 먹이고도 12광주리가 남은 예수님의 창대한 기적이 선교 매장에서 일어나기를 소망한다.

한 그릇 사명

선교 매장에는 커피 머신이나 눈꽃 빙수기, 포켓 토스터, 붕어빵 기계 등도 준비해서 공급해 드린다. 이 작은 도구들이 선교 확장에 소소한 도움이 되기를 기원한다. 가장 값지고 복된 이 일을 내 생애를 통해 잘 이루고 싶다. 그늘지고 소외된 먼 나라에 좋은 소식이 전해져 복음의 능력과 복음의 축복을 받는 나라, 구원받은 영혼들이 되기를 진심으로 바란다.

한 그릇 충성, 복음을 확산하는 본월드미션

그 자리에서

그 자리에서
주를 경외하며 살면 된다
특별히 멀리 갈 것도 아니고
특별한 사람을 의식할 필요도 없다
말씀하신 대로
뜻과 계획대로 순종하며
빛을 비추면 좋다
빛이신 주께 집중하면
우리는 반사체가 될 수 있다
그렇게 온 땅을 비추면 된다

더도 덜도 아닌
주가 말씀하신 대로
앞서지도 뒤처지지도 말고

동행하며 손잡고 가면 된다

어려워하지도 말고

호들갑 떨지도 말고

일희일비하지도 말고

잠잠히 좁은 길 따라가면

그 끝에서

주가 기다리실 것이다

한 그릇 사명,

땅에서 이루다

본을 따르다

무엇에 문제가 생겼다는 것은
원래 생각한 그 무엇,
원래 지켜야 하는 그 무엇,
원래 따라야 하는 그 무엇에서
벗어나고 있음의 결과입니다.

'근본을 잊지 않고
기본을 지키게 해 달라고 기도하는 것'
그것이 하나님이 주신 우리의 영업 비밀입니다.

오늘도 하나님 나라를 위해

신앙의 성장 과정에는 어느 정도 일정한 패턴이 있는 것 같다. 주님을 영접하고 성령 세례를 받으면 하나님으로부터 새로운 꿈을 받는다. 그 꿈을 이루어 가는 과정에는 지독한 연단과 훈련의 시간이 있다. 긴 훈련을 말씀과 기도로 인내하며 잘 마치면 축복을 받는다.

그렇다면 축복을 잘 일구면 임무가 완료된 것일까? 아직 끝나지 않았다. 축복에서 사명으로 이어지는 2차 훈련 단계가 기다리고 있다. 2차 훈련인 축복과 사명을 붙잡고 일하다 보면 차츰 공공선과 공동선, 즉 선한 영향력을 퍼뜨릴 수 있다. 나는 선한 영향력이 공동체를 살리고 하나님을 전파하는 증인의 삶에 나타나는 증거라고 생각한다.

내 인생을 돌아보니 어느 것 하나 갑자기 일어나거나 우연히 생겨나지 않았다. 긴 시간 동안 모든 과정이 하나님의 계획 가운데 하나씩 이끌어져 왔다는 것을 지금에야 돌아보며 느낀다.

당시에는 내 인생에 왜 이런 일이 일어났는지, 과연 이 일이 하나님의 개입하심인지를 몰라서 방황하고 힘들어하기만 했다. 오래 기도하며 한참 시간이 지나고 난 뒤에야 어지러웠던 퍼즐 조각들이 맞춰 온 큰 그림이 보이고 깨우쳐졌다. 이 깨우침의 과정 또한 시간이 갈수록 더 깊어지고, 더 새로워지는 것을 느낀다.

간증도 초창기에는 굉장히 단순했던 것 같다. 그러다가 차츰 약속이 성취되는 상황을 깨달아 가면서 '아, 하나님의 뜻이 있었구나!' 하고 해석할 수 있게 되었다. 덕분에 간증이 더 깊어졌다. 하나님이 앞으로도 더 풍성하게 해 주실 것이라고 믿는다. 하나님은 약하고 넘어지는 나를 기다려 주시고, 축복에 안주하거나 퇴행하지 않도록 성장과 성숙의 과정으로 동행하고 이끌어 주셨다.

모두 위대하신 하나님의 은혜다. 내 인생에서 가장 핵심 단어를 꼽는다면 바로 '은혜'다. 은혜는 자격이 없는 자에게 하나님이 값없이 주시는 귀한 선물이다. 내 인생을 돌아보면 온통 은혜가 아니고는 설명할 수 없는 일로만 가득 차 있다.

하나님이 나를, 우리를 얼마나 사랑하시는지는 예수 그리스도가 흘리신 보혈의 십자가로 확증되었다. 그 오래된 사건이 진심으로 내게 현재 시점으로 와 닿은 뒤부터는, 그분이 인간의 생사화복을 주관하신다는 절대 확신이 있은 후부터는 주님을 떠나서는 나는 아무것도 아니라는 사실을 믿게 되었다.

내 인생의 최대 사건은 앞에서도 말했듯이 예수 믿은 것, 예수 만난 것, 예수 붙잡은 것이다. 내가 붙잡은 것 같았는데 나중에는 하나님께 내가 붙잡힌 것임을 알게 되었다. 그래서 나는 하나님께 내 인생을 다 걸었다. 그분을 내 인생의 주인으로 믿고, 모시고, 그분의 뜻을 구하며, 내 삶을 온전히 맡긴 것이 나를 여기까지 오게 한 신앙의 핵심이라고 생각한다.

한 그릇 사명, 땅에서 이루다

내게 주신 하나님의 첫 번째 꿈은 선한 부자가 되는 것이었다. 두 번째 꿈은 사역자가 되고 싶다는 것이었다. 당시에는 이 꿈이 어디서 온 것인지 잘 몰랐는데, 주님은 내 기도 제목을 모두 들으셨다. 다만 당시는 즉각 응답해 주셔도 내가 감당할 깜냥이 안 되었기에 기도 응답을 감당할 만한 훈련을 거치게 하셨다. 고난과 연단의 훈련 과정 후에 주님은 내게 축복으로 응답하셨고, 그 축복이 사명으로 확고해지도록 이끄셨다.

새벽마다 아버지께 인정받고 쓰임 받고 싶다고 서원했던 기도를 하나님은 들으셨다. 감당할 만한 단단한 그릇으로 빚으시는 과정을 거쳐, 본사랑재단으로 선한 부자의 꿈을 이루게 하셨다. 하나님 나라의 도구가 되고 싶다는 꿈 또한 저버리지 않고 기억해 두셨다가 본월드미션을 세우게 하셨다. 하나님은 선교사님들을 섬기고 지원하는 주님의 일꾼이 되도록 나를 부르셨고, 지금까지 동역해 주신다.

하나님은 내가 주님의 세미한 음성을 듣고, 순종하며, 쓰임 받는 자리까지 인도된 모든 과정을 이제야 깨닫게 하셨다. 그 큰 은혜 앞에 감사하게 하셨고, 하나님의 모든 행적을 전파하고 나타내는 증인으로 나를 세우셨다.

세계선교사대회와 대학, 기업인들의 모임 등을 찾아가면 이렇게 간증한다.

"주님은 저와 우리 기업을 통해 역사하고 함께하셨습니다. 그 하나님이 인류 한 사람, 한 사람을 향해 동일하게 기대하고 사랑하십니다. 우리를 통해 영광을 받으시고 우리와 교제하기 원하시는 주님을 만나 보십시오. 주님은 당신을 통해 하나님의 약속을 성취하십니다."

하나님은 마치 부모와 자녀처럼 친밀하게 소통하고 싶어하시는 주님을 내 입술로 고백하게 하신다.

"하나님께 집중하십시오. 그러면 하나님의 뜻, 하나님의 때, 하나님의 능력을 알 수 있습니다. 당신도 주님께 기름 부으심을 받을 수 있습니다."

나는 내가 경험한 하나님을 나누며 하나님의 역사와 기적을 공유한다. 내가 겪은 치유와 축복이 간증하는 동안 청중에게도 동일한 은혜로 내려지는 것을 경험한다. 치유의 회복과 부흥이 주님의 말씀을 전하는 사이에 내게도 임한

한 그릇 사명, 땅에서 이루다

다. 말하는 사람과 듣는 사람 쌍방이 함께 하나님을 누리고, 함께 하나님을 배워 가며 은혜를 입는 시간이 되고 있다.

어떤 성공이나 사역, 업적보다 선한 영향력이 내 인생에서 가장 값지다. 하나님의 스피커로, 주님의 행적을 증언하는 메신저로 세워진 것 또한 내 인생에서 가장 큰 영광이다. 비록 실수와 회개를 반복하는 나이지만 오직 주님만 붙잡고 예수 그리스도의 보혈의 능력으로 복음의 능력과 복음의 축복을 나누고 증언하는 도구로 쓰임 받기를 희망한다.

모든 성도가 선하신 주님이 주신 꿈과 사명을 붙잡고 승리하는 하나님의 사람들이 되기를 간절히 기도한다. 하나님이 내게 베풀어 주신 많은 은혜가 이 책을 읽는 독자들에게도 동일하게 내려지기를 바란다.

내 인생에서 가장 핵심 단어를 꼽는다면 바로 '은혜'다.

은혜는 자격이 없는 자에게

하나님이 값없이 주시는 귀한 선물이다.

내 삶의 동력

내 삶의 동력은 사랑이다
하늘로부터 받은 사랑
내가 사랑해야 할 사명
나를 존재케 하고
살아가는 이유가 된다

생명을 내어 주신 그 사랑
은혜에 빚진 자
생명을 사랑해야 할 거룩한 책무
푯대를 정하고 달려간다
십자가의 사랑
십자가의 소망
내 삶의 동력이다

하나님은 한없이 부족하고 보잘것없는 나를 택해 하나님의
자녀 삼아 주셨다. 정말 감사하고 귀한 그 축복 위에서 주님
은 빌립보서 말씀처럼 '자기의 기쁘신 뜻을 위하여 내게 소
원을 두고 행하게' 하셨다(빌 2:13). 담아 주신 꿈을 이루도록
연약한 나를 훈련하고 이끄시며 쓸 만한 그릇으로 준비시
키셨다.

　돌아보니 하나님은 내게 선한 부자의 꿈을 주시고 담금
질하신 후에 '본죽'이라는 브랜드와 기업을 선물로 주셨다.
선한 부자 소원을 품고 행동하도록 노숙인들과 소외된 이
웃들을 돕고 섬기는 일을 하며 하나님의 뜻을 조금씩 이루

어 가고 있다. 내가 한 것이 아니라, 모두 주님의 세심한 이
끄심 덕분이었음을 고백한다.

하나님은 이웃 사랑을 실천하는 사명으로 본사랑재단을
세워 주셨고, 하나님 사랑의 실천, 즉 선교사들을 섬기고,
지원하며, 연합하는 선교 사명으로까지 한 걸음 더 나아갈
수 있도록 이끌어 주셨다.

지금은 "하나님이 여기까지 오도록 모든 것을 주관하셨
습니다"라고 살아 계신 주님을 생생하게 전하는 증거자의
삶을 올려 드리고 있다. 아버지의 큰 은혜로 이렇게 쓰임 받
고 있어서 나 자신도 낯설고, 놀랍고, 또 감사할 뿐이다. 이

모든 과정을 돌이켜보니 어느 것 하나 의미 없고 가치 없는 일이 없었다. 모든 것이 합력하여 선을 이룬다는 진리의 말씀이 내 생애에서 하나씩 성취되고 있다.

"주께서는 중심이 진실함을 원하시오니 내게 지혜를 은밀히 가르치시리이다"(시 51:6).

앞으로는 선교 기록 아카이브(archive, 기록 보관소)를 만들어야겠다는 부담이 있다. 21세기의 사도 바울로서 이름 없이, 빛도 없이 헌신하시는 선교사님들의 선교 활동을 모아 '신사도행전'을 펴내고 싶다. "땅끝까지 복음을 전파하라"고

부탁하신 예수님의 행적을 따르는 '참 제자'들의 건투와 열매를 더욱 도모하도록 각종 채널을 활용해 기록하고 후원할 예정이다.

"내가 너를 이방의 빛으로 삼아 너로 땅끝까지 구원하게 하리라"(행 13:47).

하나님의 계획하심과 이끄심이 놀라울 뿐이다. 오직 예수 그리스도와 연합하고 연결되어야만 가능한 주님의 일이다. 주님이 친히 우리를 통해 이루실 것을 믿는다.

에필로그

부록

종의 리더십
10계명

- 청지기 최복이 -

1. 하나님의 세미한 음성을 듣는 리더

2. 성령의 이끄심에 적극 순종하는 리더

3. 기도, 말씀, 성령이 충만한 리더

4. 인품, 능력, 영성이 조화로운 리더

5. 자기를 부인하고 자기 십자가를 지는 리더

6. 사람을 섬기는 리더

7. 일꾼을 세우고 동역하는 리더

8. 하나님 나라의 비전과 사명으로 이끄는 리더

9. 사랑으로 세상을 변화시키는 리더

10. 하나님 나라를 확장하는 리더

한 그릇 사명

본그룹
경영맵

3대 사명

생명을 살리는 기업
사명이 이끄는 기업

본월드	▶	본사랑	▶	본미션
본이 되는 기업 → 축복의 통로		**이웃 사랑 실천** → 사랑의 통로		**하나님 사랑 실천** → 복음의 통로

https://www.bonif.co.kr/

건강한 한식으로 세계인의 건강을 돕습니다.

경영 이념

🥣 설립 이념	**모두가 협력하여 선을 이룬다!** All things work together for good	
🥣 비전	건강한 한식으로 세계인의 건강을 돕는다	
🥣 미션	세계인의 한식 일상화	
🥣 사훈	하나님께 영광, 세상에 빛과 소금	
🥣 슬로건	어머니의 사랑, 맛있는 건강	
🥣 6대 가치	'경쟁'보다 **'협력'** '개인'보다 **'우리'** '이윤'보다 **'가치'** '성공'보다 **'사명'** '계약'보다 **'약속'** '빨리'보다 **'멀리'**	

http://www.bonworld.co.kr

모두가 합력하여 선을 이룬다(로마서 8:28)

본사랑의
사명과 비전

설립 이념

섬김, 나눔, 세움
Service, Sharing, Gospel

미션 본사랑은 섬김과 나눔으로 이웃들의 변화와 행복을 돕습니다

비전 온누리에 이웃 사랑을 실천합니다

주요 사업

사회 공헌	국제 NGO
건강 식자원 사업	세계 빈곤 아동 지원사업
본사랑죽 지원, 식자재 지원	본아이드림 사업
지역복지사업	학교, 병원 설립 지원사업
쪽방촌, 새터민, 장애인 지원	

http://www.bonlove.or.kr

네 빛을 세상 사람들에게 비추어
그들이 네 착한 행실을 보고 하나님께 영광 돌리게 하라(마태복음 5:16)

본월드미션의 사명과 비전

설립 이념

오 직 복 음
Only the Gospel

🥣 **미션** 내가 너를 이방의 빛으로 삼아 너로 땅끝까지 구원하게 하리라

🥣 **비전** 땅끝까지 복음을 전파하라

🥣 **주요 사업**

선교 지원	선교사 케어
교회와 학교 설립 다니엘 MK 장학금 지원	게스트하우스 MK하우스
본아트미션, 본웨이브, 문화선교사업	회복 및 치유 상담 사업 성지비전트립
비즈니스 선교사업	힐링캠프 로뎀나무 캠프, 다니엘 MK 캠프, 사모동행 캠프

http://www.bonmission.or.kr

하나님 사랑의 통로 복음의 통로

너로 이방의 빛을 삼아 나의 구원을 땅끝까지 이르게 하리라(사도행전 13:47)

한 그릇 사명

1. BM 매장은
   비즈니스 선교로 하나님 나라를 확장합니다.

2. BM 매장은
   밥과 복음으로 하나님 사랑과 이웃 사랑을 실천합니다.

3. BM 매장은
   청지기 정신으로 정당하고 건강한 이윤창출과
   정직하고 투명한 물질 관리를 실천합니다.

4. BM 매장은
   기도로 시작하고 기도로 마치며
   예배와 말씀으로 제자 양육을 실천합니다.

5. BM 매장은
   주께 하듯 직원과 고객을 섬깁니다.

BM 매장
운영지침

핵심 가치
맛과 건강
청결과 위생
친절과 섬김
정직과 투명

선교
1. 음악 - CCM, 가스펠
2. 방송 - 미디어, 영상
3. 문서 - 책, 전단, 신문
4. 예배 - 주일예배, 제자 양육

섬김
1. 월 1회 직원 회식
2. 월 1회 이웃 섬김의 날
3. 1매장, 1명 빈곤 아동 양육
4. 한글교실, 한식 요리교실